L'Attaque des lignes de Roye

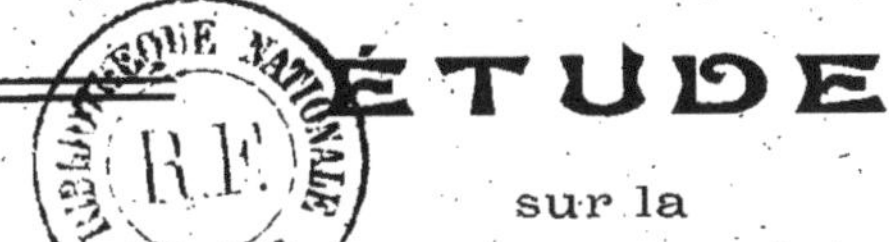

ÉTUDE

sur la

Préparation et l'appui de l'Attaque

par

: Actions d'Artillerie massives et de courte durée :

Messieurs,

Dans une rapide conférence, il n'est pas possible de traiter en détail toutes les questions qui se rapportent à l'emploi de l'artillerie dans l'offensive. Aussi nous bornerons-nous à étudier quelques-unes de ces questions, choisies parmi les plus importantes, et que les officiers de toutes armes doivent connaître s'ils veulent se rendre compte de ce qui doit et peut être demandé à l'artillerie pour l'appui de l'infanterie. Leur étude, dans un cas concret, sera plus claire, plus probante et plus vivante que des considérations purement abstraites, et nous l'entreprendrons en analysant les attaques des lignes de Roye en 1918.

I. — LA SITUATION — LE TERRAIN — LA MISSION

(*Voir la carte jointe*).

La situation.

La 1re armée française, à la droite des armées anglaises auxquelles elle est rattachée, a pris l'offensive en même temps qu'elles le 8 août. Elle progresse d'abord rapidement sur un terrain à peu près dépourvu d'organisations fortifiées, mais subit bientôt la loi immuable de la « poche ». Le front ennemi, d'abord distendu et craquelé, se reconstitue par l'arrivée des réserves et se cristallise sur les anciennes lignes de ROYE. La gauche de l'armée, après avoir enlevé MOREUIL, HANGEST, ANDECHY, est arrêtée devant le front DAMERY (en partie occupé par les Canadiens), VILLERS-LES-ROYE, SAINT-AURIN, par une forte résistance dont une 1re attaque n'a pu triompher.

Le terrain.

Les positions à enlever comprennent trois lignes de résistance organisées :

1re *ligne* : tranchée avec réseaux, flanquée en arrière par des points d'appui : DAMERY, BOIS EN Z, et de GRALNY, VILLERS-LES-ROYE, SAINT-AURIN.

2e *ligne* : tranchée double, et même triple sur certaines parties de son développement, avec réseaux doubles ou triples, flanquée en arrière par des points d'appui : FRESNOY-LES-ROYE, GOYENCOURT avec ses bois et ses vergers, SAINT-MARD-LES-TRIOT.

3e *ligne* : tranchée avec réseaux, flanquée en arrière par GRUNY, le bois de l'ABBAYE qu'elle traverse, le bois de BRACQUEMONT, ROYE et ses faubourgs.

Entre les deux premières lignes, des points d'appui et ouvrages flanquent les abords du bois en Z ou en commandent les débouchés Est. Ce sont : une tranchée au Sud de DAMERY, le bois de DAMERY, et le petit bois au Sud, l'ouvrage 0565, le boyau formant bretelle qui va de GOYENCOURT au bois de GRALNY.

Entre les 2e et 3e lignes, un centre de résistance, formé du bois CROISETTE, du bois FENDU et des deux chemins creux qui les relient, bat les abords de GOYENCOURT et ses débouchés Est.

En arrière de tout le système, le village de CARRÉPUITS, entouré de tranchées et réseaux et relié aux faubourgs de ROYE par des boyaux, semble constituer une place d'armes pour le rassemblement de réserves de secteur.

Le terrain à parcourir jusqu'à ROYE est un immense glacis plat et dénudé, sans aucun arbre ni couvert en dehors des bois et villages qui ont été énumérés. ROYE, nœud de routes nombreuses et d'une voie ferrée, a une grande importance pour les communications et manœvres des Allemands. Ils y tiennent beaucoup et envoient des renforts pour le défendre.

La mission.

Dans la nuit du 11 au 12 août, la e Division entre en ligne sur le front compris entre DAMERY exclus (aux Canadiens qui l'occupent en partie) et VILLERS-LES-ROYE exclus.

Une attaque générale doit avoir lieu très prochainement et la e Division reçoit pour mission d'attaquer dans la direction de l'Est afin de déborder ROYE par le Nord et d'atteindre la route GRUNY-CARREPUITS entre ces deux villages.

A sa droite, une Division française doit enlever SAINT-AURIN, SAINT-MARD, CARREPUITS.

ÉCOLE D'INSTRUCTION
DES
Officiers de Complément
DE LA SOMME ET DE L'OISE

ANNÉE 1921-1922

Directeur : **M. le Général FRANCK**,
Commandant l'Infanterie de la 3e Division

L'Attaque des lignes de Roye

PRÉPARATION ET APPUI DE L'ATTAQUE
par
L'ARTILLERIE

CONFÉRENCE

faite à Amiens, le 13 Octobre 1921
Répétée ensuite à Abbeville, Beauvais et Compiègne

par **M. le Colonel ROGER**,
Commandant l'Artillerie de la 3e Division

AMIENS
IMPRIMERIE DU PROGRÈS DE LA SOMME
18, Rue Alphonse-Paillat, 18

1921

A sa gauche, les Canadiens doivent s'emparer de FRESNOY, du bois CROISETTE et de GRUNY.

II. — DOCTRINE DE LA PRÉPARATION PAR DESTRUCTIONS ET DE L'APPUI PAR BARRAGE ROULANT.

Il fut prescrit le 13 au soir, à l'artillerie divisionnaire de « détruire par le 220 les abris signalés dans le bois en Z, et de bouleverser par le 155 *tous* les bois de la zone d'attaque : bois de GRALNY, de DAMERY, de GOYENCOURT, de l'ABBAYE et de BRACQUEMONT. »

L'attaque sera appuyée par barrage roulant.

Ces prescriptions renferment en quelques lignes toute une doctrine d'emploi de l'artillerie. Nous allons examiner rapidement ses caractéristiques.

1re Caractéristique. — *Préparation et appui de l'attaque sont deux actes distincts, successifs*, employant des procédés différents.

2e Caractéristique. — *La préparation vise, presque exclusivement, des effets matériels*, et doit les étendre, avant même le départ de l'attaque, sur une grande profondeur, jusqu'aux derniers objectifs de l'infanterie et presque à limite de portée efficace de ses canons.

Quels résultats peut-on en attendre ?

Pour répondre à cette question, examinons les diverses organisations ennemies. Il y a trois points d'appui principaux : Bois en Z, GOYENCOURT, ROYE, et, en outre, les bois et les tranchées.

Bois en Z.

Ce bois, en hauts taillis sous futaie, couvre une surface d'environ 300 m. sur 300 m. On ne sait ce qu'il cache. Nous avons la bonne fortune de

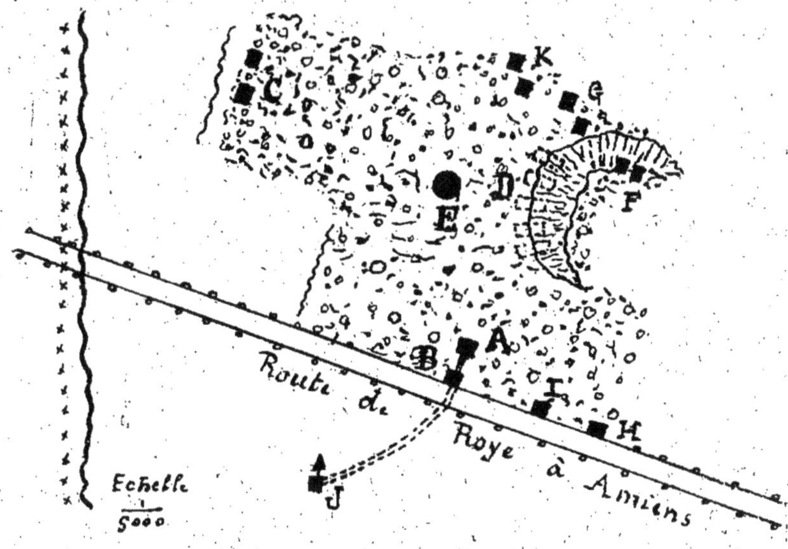

rencontrer un officier qui avait traversé le bois plusieurs mois auparavant, lors de l'avance française en mars 1917. Voici ce qu'il nous communique avec croquis à l'appui :

A. — P C de Chef de Bataillon. Abris bétonnés très soignés. Abris de mitrailleuses. Passage souterrain débouchant de l'autre côté de le route dans un puits bétonné formant observatoire, s'ouvrant par une plaque blindée circulaire. Vues excellentes jusqu'à BOUCHOIR, VILLERS, ANDECHY.

B. — Abri bétonné pour mitrailleuses avec plaques de blindage en acier superposées.

C. — Vers ce point, abri bétonné cubique.

D. — Abris sérieux en galerie, très nombreux, très grands, casematés avec de très gros arbres superposés, et creusés dans le flanc abrupt d'une grande carrière.

E. — A peu près au milieu du bois, puits bétonné (au moins 1).

Ayant visité le bois après son enlèvement, nous pûmes découvrir en F,G,H,I, d'autres abris semblables à l'abri B, et constater que les abris de la carrière étaient recouverts de 10 à 12 mètres de sable et que, pratiquées très au-dessus du sol, leurs entrées étaient en angle mort de tout tir. Les renseignements que nous avions reçus précisaient l'existence, mais non les emplacements exacts des abris indiqués, dont quelques-uns seulement étaient portés sur le plan directeur. Tous étaient invisibles des observateurs terrestres ou aériens sauf l'abri C.

Goyencourt.

(Voir la carte des organisations de Roye, *in fine*).

Ce point d'appui est constitué par un village assez étendu au Sud duquel est un château entouré d'un parc clos de murs. Des renseignements avaient été donnés par un officier qui l'avait parcouru en 1917 et la note suivante nous fut communiquée :

« La position est formée de 2 tranchées précédées de 2 ou 3 réseaux, dont la largeur est, semble-t-il, de 10 mètres. La 1re tranchée ne comporte pas d'abris résistants, à peine quelques niches amorcées. La 2e, plus profonde, est aménagée avec abris en sape profondes (au nombre de 6), boisés, avec sorties extrêmement larges. Ces abris ne sont pas répartis uniformément, il y en a en moyenne 1 par 100 mètres de front. Quelques emplacements de mitrailleuses, maçonnés ou bétonnés ; en certains points importants, abris blockhaus de mitrailleuses, en béton, très résistants, admirablement organisés, émergeant à peine, avec puits bétonnés, vastes abris, escaliers doubles d'entrée ou de sortie. Champs de tir étendus du bois en Z à la cote 84 (1.500 mètres de profondeur sur 1.200 mètres de front).

« En outre il existait aux abords de GOYENCOURT :

1°) Un observatoire dans un bouquet d'arbres ; au pied des arbres un gros abri bétonné,

2°) Abri bétonné, observatoire rapproché et flanquement.

3°) Batterie avec abris profonds voûtés en maçonnerie.

4°) Gros abri maçonné dans les fossés du parc. »

13 août 1918
me Corps d'Armée.
Le Chef d'Etat-Major,

En plus de ces abris, il en existait d'autres, portés sur le plan directeur, dont plusieurs batteries casematées et deux abris bétonnés à la lisière S. des bois, d'autres que n'indiquait pas le plan et qui furent découverts après l'enlèvement de GOYENCOURT, d'autres enfin, très importants, que nous signala le propriétaire du château. Tout cela sans préjudice des caves du village et du château. Très renseigné sur l'existence de ces abris, on ne l'était guère sur leurs emplacements exacts ; dissimulés dans les tranchées ou sous les arbres, ils n'étaient visibles d'aucun observatoire terrestre ou aérien.

Roye.

ROYE était, à beaucoup plus grande échelle, un centre de résistance organisé de façon analogue aux précédents ; le béton, les abris en sape y foisonnaient, aussi invisibles et d'emplacements aussi inconnus ou aussi indéterminés.

Que peut l'artillerie pour détruire de telles organisations ?

En raison de leur nature, des abris tels que ceux qui ont été décrits ne peuvent être détruits, ou plutôt à peine entamés, que par des canons de très gros calibres. En raison de leur profusion, il faudra, pour essayer d'en venir à bout, un très grand nombre de ces engins, tirant chacun un très grand nombre d'obus. A supposer que l'on dispose de ces moyens, il n'en reste pas moins qu'ils seront impuissants sur les cuirassements d'existence inconnue ou de situation à peine définie, et c'est le plus grand nombre.

Les bois.

Les bois qu'il fallait « détruire » s'étendaient sur 130 hectares. Que recelaient-ils ? Mystère. Ils étaient tous formés de taillis sous futaies de grands arbres : il eût fallu des mois pour les éclaircir et arracher leurs secrets.

Les tranchées.

Les tranchées sont développées : dans leurs flancs sont creusés des abris, des sapes dont, le plus souvent, on ignore l'existence et les emplacements. Certes il était possible d'y pratiquer par l'artillerie lourde quelques coupures, mais en nombre insuffisant pour diminuer sensiblement la valeur défensive de l'ensemble. Les tirs de destruction sur les tranchées ont pour résultat le plus clair de remplacer ces organes de protection, connus et nettement définis, par des trous d'obus qui confèrent au défenseur un abri de même ordre, mais s'étendent sur de larges zones où tireurs et mitrailleurs ennemis s'égailleront en des points indéterminés et où l'artillerie d'appui aura bien de la peine à les saisir pendant la progression de l'infanterie d'attaque.

En résumé, en raison du nombre, de la puissance, de l'étendue, de la dissimulation des organisations, l'artillerie ne pouvait, par des destructions, modifier de façon appréciable la valeur défensive des positions ennemies.

Or le cas envisagé ressemble singulièrement au cas général qui s'est présenté dans toutes les attaques de front organisés à loisir. L'expérience permet de généraliser les conclusions auxquelles nous a conduits le raisonnement, car la visite de nombreux champs de bataille, même choisis parmi les plus consciencieusement « pilonnés », a permis de constater que la plupart des abris étaient intacts, parce qu'à l'épreuve ou insoupçonnés ; ce fut fort heureux pour nous car les Etats-Majors et les troupes purent, grâce à cela seulement, trouver à s'abriter sur les terrains conquis par nos attaques.

Il semble donc bien qu'en s'acharnant à vouloir résoudre le problème de la préparation par les destructions, l'artillerie gaspille ses munitions et perd son temps.

3e Caractéristique. — *Durée de la préparation.*

Et en effet il aurait fallu beaucoup de temps, même avec les moyens voulus, les gros calibres dont on n'avait que quelques modestes exemplaires (4 mortiers de 280), pour les destructions même réduites aux ouvrages connus. Celà eût demandé plusieurs jours. Or les ordres de préparation furent donnés le 13 et l'attaque était primitivement fixée au 15. Encore est-il nécessaire, pour mener rondement la besogne, d'avoir dans une large mesure la complicité du baromètre, car si le temps ne permet pas aux avions de d'observer en permanence, adieu les destructions, ajournées *sine die*, ou manquées si l'on s'entête à les poursuivre sans attendre le retour d'un temps propice. Qu'importe, dira-t-on ? En détruisant les ouvrages, l'artillerie détruit en même temps ceux qui les occupent. Cela importe beaucoup parce que l'ennemi mettra le temps à profit pour amener des réserves, et se renforcer en infanterie et surtout en artillerie. L'assaillant, perdant les avantages de la surprise stratégique et de la supériorité du nombre qu'il avait réalisée pour son offensive, aura affaire à un adversaire aussi fort que lui (Bataille de l'Aisne en 1917). Quant à détruire la garnison en même temps que son abri, c'est encore autre chose. Un habitant de ROYE racontait que, souvent au cours de la guerre, nos 155 tiraient sur la ville et ses abords ; les tirs étaient si précis, tels que doivent être les tirs de destruction, que, si, l'on échappait au 1er obus, l'on était sûr d'échapper aux suivants en s'écartant du point battu. C'est ce que faisaient les Français, imités en cela par les Allemands.

Dans sa jugeotte, ce brave paysan avait mis le doigt dans l'une des fissures de la méthode, et non des moindres, car c'est par elle que l'ennemi s'échappe : son infanterie peut se soustraire aux effets matériels et moraux de la préparation, car elle conserve sa liberté d'action même pendant les tirs qui, devant être *constamment* observés ou contrôlés, sont menés lentement, et à *fortiori* dans leurs intervalles. Elle profite de cette liberté pour reboucher les brèches de réseaux, réparer les ouvrages, en construire de nouveaux et souvent même pour reconstituer autant de lignes de défense que lui en a enlevées l'attaque précédente (Bataille de la Somme 1916).

Les batteries qui n'ont pas été détruites par le 1er tir dirigé sur elles, et c'est la presque totalité, peuvent changer de position : aidées des batteries arrivées en renfort, les unes se livrent à une contre-préparation qui use l'assaillant matériellement et moralement. D'autres se réservant silencieuses, jusqu'au moment de l'attaque ; lorsque celle-ci se déclenche, elle est prise sous les feux de barrage de batteries trop nombreuses pour qu'il soit possible de les réduire toutes et instantanément au silence : les vagues d'assaut subissent des pertes importantes, et sont même arrêtées complètement sur certaines parties du front. Celles qui réussissent à passer se buttent bientôt sur des brèches de réseaux plus ou moins rebouchées, battues par des mitrailleuses postées tout exprès.

Caractéristique des tirs d'appui :

Le barrage roulant devait précéder l'infanterie sur 500 à 1.000 mètres de profondeur, au départ de chacun des cinq bonds prévus pour H, H + 1 h. 10, H + 2 h. 05, H + 3 h. 20, H + 6 h. Cela devait entraîner une dépense d'environ 1 jour 1/4 de feu, sans compter les tirs presque incessants à prévoir entre les périodes de barrage roulant. Or les ordres du Corps d'Armée, limitaient la consommation à 1/3 de jour de feu par 24 heures.

Cette considération de dépense à part, que pouvait-on attendre du barrage roulant ? Il devait passer sur de nombreux bois et villages, au travers desquels l'infanterie ne pouvait le suivre de près sans être exposée à tous les éclatements prématurés dans les arbres ou les maisons. La scission entre le barrage et les vagues d'assaut était donc fatale. Ce n'était pas là le seul motif de la redouter : il était peu à espérer que, dans l'attaque des nombreux points d'appui à enlever sur 5 kilomètres de profondeur, l'infanterie ne subirait pas de retards dû fait du terrain ou de résistances ennemies, qu'elle pourrait, six heures durant, se trouver, à chaque minute comptée, exactement aux points prévus pour la ligne de barrage à ce moment. Il est dangereux de faire reposer la réalisation effective et efficace de l'appui sur une hypothèse dans laquelle il n'est pas tenu compte de l'ennemi.

Conclusion :

Les circonstances qui, dans le cas envisagé, s'opposaient à ce que l'appui de l'attaque par le barrage roulant pût être efficace ne constituent pas une exception particulière au champ de bataille que nous étudions et qui, même à ce point de vue spécial, était plus favorable que la plupart de ceux que l'on rencontre en général. Les conclusions qui s'appliquent à lui, s'appliquent donc, *a fortiori*, à tous les champs de bataille.

III. — LA PRÉPARATION ET L'APPUI DE L'ATTAQUE BASÉS SUR L'EFFET MORAL DES FEUX D'ARTILLERIE.

Les résultats voulus, ne pouvant être obtenus par la recherche d'effets matériels de destruction, ne peuvent-ils l'être par l'effet moral des feux ? Telle est la question que l'on peut se poser.

Il est un mode d'emploi de l'artillerie dans lequel cet effet moral est recherché par des actions massives et de courte durée et que nous allons comparer au premier.

En somme de quoi s'agit-il ? Il faut empêcher le *combattant* ennemi d'agir ?

Supposons réalisées les conditions suivantes :

Artillerie ennemie neutralisée pendant la préparation et l'exécution de l'attaque.

Brèches de réseaux faites, sans que l'ennemi ait le temps, ni la possibilité de les reboucher.

Infanterie ennemie détruite, ou tout au moins maintenue terrée jusqu'à ce que les troupes d'assaut arrivent sur elle pour la saisir avant qu'elle n'ait pu faire usage de ses moyens.

Dès lors tout ce qui peut retarder, arrêter, décimer l'infanterie d'attaque sera hors de cause et le résultat sera d'autant plus complètement, rapidement et économiquement acquis que l'on se rapprochera davantage de la réalisation des trois conditions énoncées.

Est-il possible d'obtenir ces résultats par une préparation de courte durée, indépendamment d'effets de destructions matérielles (réseaux exceptés), et même s'il s'agit de l'attaque d'un front fortifié, organisé à loisir avec tout l'art et toutes les ressources de la fortification moderne ?

Telles sont les questions que nous allons examiner, en passant très rapidement sur la neutralisation de l'artillerie et la confection des brèches, questions d'ordre presque exclusivement technique.

L'artillerie peut être neutralisée en permanence, sous la condition que la préparation soit courte, parce que les contre-batteries peuvent, dans ce cas, exercer, *par tirs discontinus*, une action suffisamment continue sur toutes les batteries de la défense et parce qu'elles conservent sur celles-ci leur supériorité numérique, le défenseur n'ayant pas la possibilité, en si peu de temps, d'amener les batteries de renfort.

Les brèches de réseaux peuvent être largement pratiquées en 3 ou 4 heures. Le 13 août au soir, l'artillerie divisionnaire reçoit l'ordre de faire 27 brèches dans les réseaux des deux premières lignes ; commencées le 14 à 6 heures, les brèches sont terminées à 10 heures. Il eût été possible de faire beaucoup plus, dans le même temps, si les onze groupes de 75 chargés d'ouvrir les brèches n'avaient eu en même temps d'autres missions à remplir, et si les cinq groupes de 155 dont on disposait eussent été, tout au moins en partie, utilisés à briser les réseaux au lieu de rechercher des destructions sur des abris inconnus. Lorsque l'artillerie divisionnaire est dotée des puissants moyens qui lui sont généralement attribués pour l'attaque de départ sur un front stabilisé, il lui est possible, en trois à quatre heures d'ouvrir très largement les brèches dans cinq à six réseaux distincts échelonnés en profondeur.

IV. — L'ACTION SUR L'INFANTERIE DE LA DÉFENSE. CONDITIONS A REMPLIR.

Le problème complet qui se pose à l'artillerie de préparation et d'appui est le suivant :

a) Nettoyer le terrain de tous les tireurs, mitrailleurs et réserves non abrités, ne leur laissant d'autre alternative que d'être détruits ou de se réfugier dans leurs autre-abris.

b) Neutraliser les tireurs, mitrailleurs, réserves qui, abrités ou non, auraient échappé à la destruction.

La neutralisation doit être :

Constante c'est-à-dire qu'elle doit se maintenir pendant toute la période d'action des feux, même si ceux-ci ne sont pas continus.

Rémanente c'est-à-dire qu'elle doit se maintenir, même après cessation des feux, jusqu'au moment où l'infanterie d'assaut peut saisir le défenseur, avant qu'il ait pu faire usage de ses moyens.

Complète c'est-à-dire qu'elle doit s'étendre, à chaque moment de la progression, non seulement aux défenseurs à attaquer de suite, mais aussi à tous ceux qui, à l'instant considéré, seraient en situation et à portée d'agir sur les troupes d'attaque.

Nous examinerons d'abord, en étudiant l'attaque d'un point d'appui, si les deux premières conditions peuvent être remplies, puis étendant l'étude à l'attaque sur tout le front de la division, nous verrons comment peut être réalisée la troisième condition.

V. — NEUTRALISATION CONSTANTE ET RÉMANENTE. FEUX DE PRÉPARATION ET D'APPUI.

1° Attaque du bois en Z.

L'ordre du 13 prescrivait que la préparation devait commencer le 14. Ne pouvant chercher à tout détruire à la fois, l'artillerie commence par le commencement et cherche à ouvrir d'abord la 1re porte que doit franchir l'infanterie et qui ferme l'accès sur le reste du champ de bataille. Cette porte est verrouillée par le bois en Z qui flanque et commande toute la première ligne de résistance. C'est donc, avant tout, le bois en Z qu'il faut avoir, et l'artillerie concentre des efforts puissants sur ce point d'appui et sur ses flanquements, mais, ne pouvant espérer *détruire* les organisations, elle cherche à briser le moral de la garnison. Son action est la suivante :

Action du 75.

Tirs d'un groupe, râtissant toute la surface du bois de 144 obus (1) en une minute, en partant tantôt d'une lisière, tantôt d'une autre. Tirs semblables et simultanés de deux groupes agissant de même en partant de deux lisières opposées.

Deux tirs consécutifs sont séparés par des intervalles tantôt très courts, 2 à 3 minutes, tantôt plus longs, 5 à 15 minutes. Dans leurs intervalles s'échelonnent, non absolument continus, des tirs coup par coup ou par salves de 2, 3 ou 4 coups, à cadence irrégulière, constamment changeante, battant

---

(1) Obus à charge réduite, pouvant être tirés 2 fois plus vite que les obus à charge normale. (12 coups à la minute au lieu de 6).

tantôt un point, tantôt un autre, et surtout ceux où il y a le plus de motifs de supposer la présence de l'ennemi ; lisières, abris, fossés de route, fonds de la carrière (obus explosifs fusants pour agir dans l'angle mort).

Tirs de concentration et tirs lents se succèdent, soit sans interruption, sois séparés par des silences de durée variable.

Action de l'Artillerie lourde.

Sur le bois agissent un groupe de 155 et un groupe de 220 (réduit à 4 pièces).

Chaque batterie exécute des feux très rapides, de 6 à 10 coups par pièce, tirés en 3 à 5 minutes sur un même objectif, et alternant avec des tirs lents par 1, 2, 3 ou 4 coups, à cadence variable, les uns et les autres étant séparés par des silences de durée inégale. Les tirs de 155 sont localisés sur les tranchées, la carrière, les zones d'abris.

Le 220 localise ses tirs sur les abris bétonnés connus.

Tirs combinés des divers calibres.

Au début de la préparation, à quelques reprises au cours de sa durée, et enfin une dernière fois juste à la fin de la préparation, toutes les batteries de 75 et d'A. L., qui ont mission d'agir sur le bois exécutent simultanément un tir rapide de quelques minutes.

Rôles des divers calibres.

L'ensemble des tirs des divers calibres *nettoye* tout le bois et ses abords et rameute les survivants dans leurs abris.

Le 75, par la fréquence et la généralisation de son action, joue le rôle important dans ce nettoyage et maintient dans leurs abris ceux qui seraient tentés d'en sortir pour échapper aux effets de l'artillerie lourde, mais il n'a aucune action morale sur des hommes tant soit peu abrités, car ses éclats sont arrêtés par le moindre obstacle (planches ou tôles).

Une tranchée, un fossé confèrent à ceux qui y sont tapis une certaine protection ; un couvert un peu plus solide (rangées de rondins, etc.), arrête les coups directs. *A fortiori*, les occupants d'abris tels que ceux du bois en Z, sont-ils complètement en sûreté et restent-ils à peu près indifférents à un tir de 75.

Le 155, seul, peut produire chez eux une dépression morale sérieuse, parce que, encore que sérieusement abrités, ils ne se sentent pas absolument immunisés contre les effets de ce calibre et savent fort bien qu'il suffirait d'un coup malheureux pour les enfouir ou les murer dans leur tannière.

Le 220, sera utile sur les abris en béton. Peut-être n'a-t-il pas la puissance voulue pour les endommager sérieusement, mais les secousses de ses explosions seront assez fortes pour inculquer à la petite garnison, la conviction qu'elle est en but à un tir de très fort calibre. Elle ne sortira, certes pas, de son trou pour se rendre compte de la valeur exacte de ce calibre et savoir si, oui ou non, il est de taille à écraser son abri, mais elle sentira suspendue sur sa tête une menace de mort.

Un officier qui assistait à des tirs de ce genre, quoique beaucoup moins puissants, que nous exécutions en juillet 1917 à titre de démonstration devant des Américains, émit l'opinion que le 155 agissant, le 75 devenait inutile. Ce dernier est au contraire indispensable parce qu'il a, *seul*, la puissance de débit, la vitesse de tir et la généralité d'action nécessaires pour colmater, dans le temps et dans l'espace, les mailles obligatoirement trop lâches des tirs de l'artillerie lourde.

Les effets des tirs.

A un régime tel que celui qui vient d'être dépeint, tous les défenseurs non abrités sont fatalement détruits, et bon nombre aussi de ceux qui ne sont pas solidement abrités.

Quant à ceux qui ont pu se réfugier à temps dans les abris, ils sont vite convaincus :

Qu'ils ne sauraient, à aucun moment, même pendant un temps très court, s'écarter de leurs abris pour gagner des postes de combat voisins, et moins encore pour sortir de l'enfer que constitue le bois, sans avoir toutes chances de se rencontrer avec un obus de 75 ou d'A. L., encore que les tirs de chaque calibre ne soient pas continus.

Qu'ils ne peuvent même se risquer aux entrées des abris, sans toute probabilité d'être atteints avant d'avoir eu le temps d'y sauter à nouveau.

Que ne pouvant quitter le bois ni s'écarter des abris, c'est en restant au fond de leur repaire qu'ils peuvent conserver, s'il leur en reste, quelque chance de salut.

Le défenseur est donc *fixé* et ne peut se soustraire aux tirs de préparation.

Aussi les tirs peuvent-ils développer sur lui leurs effets moraux car, même au fond des abris, il se sent loin d'être en sécurité complète et de pouvoir compter sur la vie sauve.

Les guetteurs, les mitrailleurs resteront-ils à leurs embrasures bétonnées pour surveiller le moment de l'attaque, et prêts à ouvrir le feu sur les vagues d'assaut ? Certainement non ; car on ne regarde pas tranquillement et impunément, même à travers une embrasure en béton garnie de plaques d'acier, un terrain sur lequel peuvent tomber d'un moment à l'autre et à tous moments un obus de 220, de 155 ou même un modeste 75 dont les éclats ne se gênent pas pour visiter le fond de l'embrasure.

L'ennemi est donc cloué, tremblant pour son existence et pantelant, au fin fond de ses abris, aussi sûrement que si les tirs étaient absolument continus.

Encore s'il en était ainsi, pourrait-il reprendre confiance, dès la cessation du feu, pensant enfin en avoir fini avec cette plaisanterie et, dès lors convaincu que la fin des tirs marque le signal de l'attaque, sauter à son poste pour la recevoir.

Mais, dans la cacophonie des tirs à interruptions, et à surprises, en raison des formes irrégulières données à leurs alternances, comment savoir si une accalmie, un silence momentané, l'allongement des tirs de l'A. L. suivi de celui des tirs de 75, constituent l'épilogue du drame ou ne sont qu'un simple entr'acte qui sera brusquement interrompu par les coups du tapeur ?

Il est donc impossible de savoir si l'attaque suivra, et le défenseur remettra le plus possible l'échéance du moment où il se portera à son poste de combat. Il ne se déciderait à le faire qu'après un répit assez long pour lui inculquer la confiance que son supplice est définitivement terminé ; mais pendant ses atermoiements, les vagues d'assaut auront eu le temps d'arriver sur lui et le saisiront, alors qu'il ne sera pas encore remis de son émoi. D'ailleurs, avec la meilleure volonté, il serait bien difficile de voir venir l'assaillant dans le nuage de fumée qui inonde l'objectif et qui redouble d'opacité lors du dernier tir de concentration générale qui s'abat sur lui juste avant l'assaut.

Les résultats.

Telle fut la préparation sur le bois en Z. Elle fut analogue bien que moins puissante sur ses flanquements et, entre autres, sur le bois de Damery et sur l'ouvrage bétonné 05, 65 qui, lui, fut détruit par le 280, parce qu'il était bien visible des avions et que les tirs de masse bien contrôlés avaient produit quelques coups heureux. Le bois de DAMERY qui, d'après les renseignements, ne semblait pas receler d'abris, avait été traité moins sévèrement par l'A. L.

Dans la soirée, un peu après la fin des tirs, des reconnaissances d'infanterie eurent l'idée d'aller voir ce qui se passait dans le bois. Elles n'y trouvèrent personne, sauf 65 cadavres de gens asphyxiés dans les abris et deux Boches à peu près fous. Les Canadiens qui avaient, de Damery, assisté au spectacle, eurent la même idée, et envoyèrent, dans le bois de Damery, des reconnaissances qui n'y trouvèrent que 200 cadavres. Les canadiens occupèrent le bois de Damery ; nos troupes dépassèrent le bois en Z et l'ouvrage 05.65 et vinrent s'arrêter devant le petit bois S.-E. de celui de Damery. Y avait-il, dans les deux points d'appui enlevés, une garnison plus nombreuse dont les survivants, après que les tirs avaient cessé depuis longtemps, se seraient repliés pour n'accepter la lutte que sur des positions plus reculées ? C'est peu probable car ces deux objectifs avaient une action de flanquement très importante sur le reste de la 1re ligne, qui, immédiatement au Sud, ne fut enlevé que le 16, et qui, immédiatement au Nord, résista à plusieurs attaques des canadiens et ne céda que le 26, à une attaque puissante d'une Division française, alors que notre Division était, dès le 18, maîtresse du bois Fendu et du bois de Bracquemont.

Quoiqu'il en soit, si l'action de l'artillerie avait décidé de l'évacuation des bois, c'était déjà un bon résultat et la preuve de ses effets. Effets moraux s'entend : et en effet visitant le bois, deux jours après son enlèvement, nous pûmes constater que tous les abris étaient intacts, sauf un seul, dont une arête en béton avait été quelque peu ébréchée par le 220 : Ce n'étaient donc pas aux effets de destruction sur les ouvrages qu'étaient dûs les résultats. Toutefois, si cet exemple prouve que la neutralisation peut être complète, il ne permet pas de se rendre compte qu'elle puisse être rémanente, car nos troupes, qui ne devaient attaquer que le lendemain, ne pénétrèrent dans l'objectif *qu'assez longtemps après que, les tirs ayant cessé*, la garnison, si elle comptait des survivants, avait pu se retirer tranquillement.

2° Attaque de Goyencourt (16 août). *(Voir carte jointe)*

L'attaque de Goyencourt va nous fournir la preuve que la rémanence de la neutralisation peut être obtenue. Son exemple démontrera, en même temps, ce dont *a priori* il est permis de douter : à savoir que, si l'action de l'artillerie sur le bois en Z put être aussi puissante qu'elle le fut, ce n'est pas uniquement en raison des faibles dimensions de cet objectif et de l'agglomération de ses abris en un « nid à obus » de faible étendue.

Le point d'appui de Goyencourt a en effet 1.100 mètres de front sur 1.000 mètres de profondeur, et cependant l'action de l'artillerie sur ce vaste objectif fut encore plus massive que sur le bois en Z. Il fut englobé dans l'attaque générale du 16 pour laquelle la préparation sur tout le front de la Division devait commencer à H - 0 h. 45. Jusqu'alors l'artillerie n'avait pas tiré sur Goyencourt, parce que, disait un ordre, toutes les maisons étaient détruites. Mais à la suite des renseignements transmis sur les organisations du point d'appui et qui ont été relatés plus haut, il fut prescrit d'en faire la destruction pendant cette préparation de 45 minutes. En tout état de cause, mais surtout dans des délais aussi réduits, cette mission ne pouvait aboutir aux résultats poursuivis.

De même que dans l'attaque du bois en Z, et pour les mêmes motifs l'artillerie ne pouvait espérer briser qu'une chose : le moral de l'ennemi. Elle y emploie, depuis H. — 0 h. 45 jusqu'à H. + 1 h. 10, heure de l'assaut, des forces progressivement croissantes qui, au début, comprennent :

4 groupes de 75, 4 batteries de 155, 1 groupe de 220 (réduit à 4 pièces).

Et s'élèvent jusqu'à compter ;

7 groupes de 75, 19 batteries de 155, 1 groupe de 220, 1 groupe de 280.

Les tirs sont conduits d'après les mêmes méthodes que les tirs sur le bois en Z. L'objectif a été divisé en zones de surface sensiblement équivalente à celle de ce bois, plus restreinte sur les parties importantes (tranchées, régions d'abris, lisières intérieures du village et des bois). et plus étendue sur le reste du point d'appui. Chaque groupe de 75 a à battre une ou plusieurs de ces zones.

L'infanterie qui, à l'heure H., se trouve à 500, à 600 mètres des tranchées, s'en rapproche peu à peu en enlevant quelques objectifs secondaires avec l'appui de batteries qui reportent ensuite leurs tirs sur Goyencourt. Sous la protection des feux qui s'abattent sur ce point d'appui, elle fait *sa marche d'approche* sans être inquiétée, et s'arrêtant à distance d'assaut (200 à 250 mètres), voit tomber, *devant ses yeux*, la formidable avalanche des feux qui submergent l'ennemi qu'elle va avoir à attaquer, *feux qui ne se lèveront qu'au moment précis où elle donnera l'assaut*. Cette levée des tirs se fait par tranches successives de 200 à 300 mètres de profondeur, de façon à abandonner à l'infanterie à H + 1 h. 10 la zône des tranchées, à H + 1 h. 20, la zone O. du village et des bois, à H + 1 h. 25 le reste de l'objectif. A mesure que les batteries cessent leurs tirs sur une tranche, elles les reportent sur les tranches suivantes et continuent à les battre jusqu'à ce que les vagues d'assaut, ayant eu le temps de serrer à nouveau sur les obus, soient prêtes à faire immédiatement irruption sur le terrain que va leur abandonner l'artillerie.

L'infanterie (2 bataillons) s'empara du point d'appui sans résistance ; elle subit des pertes insignifiantes, fit 250 prisonniers (bataillon de gauche seulement (1) prit de nombreuses mitrailleuses et trouva, dans les abris et sur le terrain, quantité de cadavres. Une seule mitrailleuse avait tiré, celle d'un abri bétonné des tranchées, l'infanterie n'eut pas de peine à s'en préserver en la manœvrant par le Nord, chose qu'elle n'aurait pas pu faire si elle avait voulu coller à un barrage roulant et marcher à l'alignement derrière lui.

Visitant le point d'appui le lendemain, nous pûmes constater que, si le terrain des tranchées était bouleversé, leurs abris en béton avaient peu souffert ; mêmes constatations sur les abris du parc et des bois. Là encore les effets matériels des *tirs* n'étaient donc pour rien dans le succès : seul, leur effet moral avait brisé chez les défenseurs toute volonté de résistance et les avait maintenus terrés, même après la fin des feux et jusqu'à ce que l'infanterie vînt les cueillir dans leurs abris. Et cependant, il s'était écoulé un temps assez notable entre l'arrivée des derniers obus sur chaque point et l'arrivée de nos troupes en ce même point : les vagues d'assaut ne pouvaient en effet suivre de près les obus sans s'exposer aux éclatements prématurés dans les arbres et les maisons, et, de plus, elles avaient été retardées par la traversée du terrain chaotique des tranchées et réseaux ainsi que par des détours dans les rues du village et par la nécessité de contourner les murs du parc.

La neutralisation rémanente de l'ennemi avait donc bien été obtenue.

La neutralisation complète. — Feux de Couverture.
Dosage des feux en profondeur.

(Voir croquis *in fine*).

Il ne servira de rien que les objectifs à attaquer les premiers soient réduits à l'impuissance si l'infanterie, au cours de sa marche d'approche, est décimée et arrêtée par des feux, ou refoulée par des contre-attaques partant de points situés sur les flancs ou les arrières des objectifs d'attaque. Il faut donc qu'en ces points les feux de l'adversaire soient neutralisés et que ses réserves soient immobilisées. En d'autres termes, il ne suffit pas que les attaques soient *préparées et appuyées*, il faut encore qu'elles soient *couvertes*. Par la réunion de ces trois conditions, sera réalisé ce que nous avons appelé « la neutrasisation complète ». L'étude des attaques du 16 août montrera comment elle peut être obtenue.

---

(1) Nous ignorons le nombre exact de prisonniers fait par le bataillon de droite.

LES ORDRES POUR L'ATTAQUE DU 16 AOUT.

L'enlèvement du bois en Z, le 14, avait modifié la situation, mais il restait toujours 3 lignes de résistance à enlever ; la 1re ligne étant formée d'éléments de tranchée, au Nord de VILLERS-LES-ROYE, de la tranchée bretelle entre ce bois et la partie S.-O. de GOYENCOURT, et enfin du petit bois S.-E. du bois de DAMERY. De plus la Division prenait à son compte l'attaque de VILLERS-LES-ROYE qui, primitivement, devait être enlevé par la Division de droite.

L'attaque générale, qui devait avoir lieu le 15, fut remise au 16 à midi, et, le 16 au matin, furent donnés de nouveaux ordres qui modifiaient quelque peu ceux du 12 et du 13.

A droite, une Division française doit enlever SAINT-MARD-LES-TRIOT.

A gauche, les Canadiens doivent, après une violente action d'artillerie sur FRESNOY-LES-ROYE et sur le bois CROISETTE, enlever FRESNOY.

Entre les deux, notre Division, après une préparation de H — 0 h. 45 à H, doit avancer jusqu'à la voie ferrée au N. de ROYE.

L'ordre de l'A. D. prescrivait :

« Dans le court laps de temps de la préparation, celle-ci doit être aussi brutale que possible.

« L'artillerie lourde exécutera des tirs rapides de 6 à 8 coups par pièce. Entre deux de ces tirs, laisser 4 à 5 minutes d'intervalle. Dans les trois dernières minutes précédant la levée des tirs sur chaque objectif, exécuter un tir rapide pour briser le moral de l'adversaire. Le reste du temps, le tir sera exécuté à cadence moyenne plus ou moins rapide suivant que la durée des tirs sur l'objectif doit être plus ou moins longue, et seulement avec une partie des pièces. L'artillerie de campagne neutralisera les tranchées et zones dangereuses : soit par tirs lents uniformément répartis sur toute la zone de neutralisation, soit par tirs courts et très rapides de 6 à 12 coups par pièce (suivant la profondeur à battre). Au cours de la préparation il sera fait au moins 10 de ces tirs sur chaque objectif. Revenir plus souvent sur les objectifs les plus importants. Les deux modes de tir alterneront irrégulièrement. »

« La progression doit se faire en deux bonds :

1er *objectif* : tranchées à l'Ouest de GOYENCOURT et à l'Est du point 03,56. — Départ 12 heures.

« Cet objectif atteint, des reconnaissances seront envoyées sur GOYENCOURT avec mission de nettoyer le village, le bois des Vignes, et le bois S.-E. de GOYENCOURT.

2e *objectif* : la voie ferrée. — Départ pour le deuxième objectif à 14 h. 30.

« A 12 h. barrage roulant.

« A la même heure l'artillerie lourde reportera ses tirs sur les arrières de GOYENCOURT : bois Fendu, chemins creux à l'Est du village, bois de BRACQUEMONT.

« A 14 h. 30 nouveau barrage roulant et report des tirs d'artillerie lourde à l'Est de la voie ferrée. »

Il résultait de ces ordres que l'infanterie devait *dans un seul bond*, enlever les deux premières lignes de résistance et que, d'autre part, les tirs sur GOYENCOURT devaient complètement cesser à H., au moment du départ pour l'assaut de la 1re ligne. GOYENCOURT ne devait donc être abordé par l'infanterie que bien longtemps après que les tirs sur ce point d'appui extrêmement fort auraient été levés, et, seules, devaient y pénétrer, pour le nettoyer, des reconnaissances non appuyées par l'artillerie.

Premier bond d'attaque.

Au départ de l'attaque, à l'heure H., l'infanterie doit d'abord enlever la 1re ligne de résistance qu'elle rencontre ; VILLERS-LES-ROYE, tranchées au N., tranchée bretelle, bois S.-E. de celui de DAMERY.

Appui direct : Sur tous ces objectifs, la préparation doit être achevée au moment où l'infanterie arrivera à distance d'assaut de chacun d'eux. L'artillerie consacre à cette mission de préparation et d'appui sur les résistances *directement* opposées à l'infanterie la majeure partie de ses forces, car son action doit être assez puissante pour briser définitivement le moral des défenseurs. Cette action s'exerce par :

6 à 7 groupes de 75 (dont un ou deux de l'A. D. de droite sur VILLERS),
4 à 5 groupes de 155 (— — —).

Couverture.

a) *Par neutralisation des feux.*

Dès que l'infanterie débouchera à l'heure H, pour l'attaque de la première ligne de résistance, elle sera exposée aux feux pouvant partir de la deuxième ligne : tranchées O. et S. de GOYENCOURT, dont les mitrailleuses découvrent tout le terrain entre les deux lignes, et pourraient balayer de leurs feux les immences glacis plats et dénudés sur lesquels doivent s'avancer, à découvert, les troupes d'attaque. La deuxième ligne doit donc être neutralisée, et ces effets de neutralisation doivent être chose acquise à l'heure H. A cette mission, l'artillerie emploie des forces suffisantes, moins importantes néanmoins que sur la première ligne, parce que la neutralisation ne doit se maintenir que pendant que seront entretenus les tirs, sans qu'il soit nécessaire d'obtenir une neutralisation *rémanente*. Les forces agissantes comprennent :

4 groupes de 75 — 2 groupes et 2 batteries de 155
1 groupe de 220 — 1 groupe de 280

Ces deux derniers groupes n'avaient pas leur emploi sur les objectifs de la première ligne, vu la nature de ceux-ci, et, de plus, leurs tirs sur cette ligne eussent été dangereux pour l'infanterie trop rapprochée. Ils étaient nécessaires au contraire, pour battre les casemates et abris bétonnés à l'O de GOYENCOURT et au voisinage du point 03,56.

b) *Par immobilisation des réserves.*

Dès le début de la progression, la gauche, de la ligne d'attaque, déjà en avance par rapport à la droite, va se trouver très près de la partie N. O. de GOYENCOURT qui pointe vers l'Ouest. Les réserves ennemies disposent là d'une excellente place d'armes pour leur rassemblement à couvert dans le village, les vergers au Nord et leurs abris. Elles peuvent en déboucher facilement, les réseaux étant interrompus un peu au-dessus de GOYENCOURT, et tomber sur notre flanc gauche découvert par suite de la situation en retrait des Canadiens. Leur action pourra se combiner avec celles des quelques feux de front qui partiraient encore des tranchées O. de GOYENCOURT et des feux de flanc de la tranchée bretelle. Une contre-attaque est donc *immédiatement* à craindre.

Elle est particulièrement à redouter si elle se produit au moment où nos troupes arriveront désunies par l'attaque de leurs premiers objectifs ; il y aura en effet à ce moment une phase critique où l'infanterie ne pourra se couvrir par ses propres moyens (mitrailleuses, engins d'accompagnement) qui n'auront pu encore être disposés à cet effet, et la contre-attaque déboucherait de si près qu'il serait impossible de provoquer à temps une intervention opportune de l'artillerie. Celle-ci ne pourrait d'ailleurs sans risques d'atteindre nos troupes, déclencher des feux tombant aussi près d'elles. Elle doit donc prévenir le danger, en neutralisant la partie N. O. du village et les vergers qui la bordent au Nord, et ses effets de neutralisation doivent être déjà réalisés quand l'infanterie commencera son mouvement. Aussi, dès avant l'heure H, l'artillerie consacre à cette action d'immobilisation des réserves :

2 groupes de 75. 2 batteries de 155.

Les deux dernières sur le village et les abris.

Plus au Sud, les contre-attaques partant du bois de GOYENCOURT, ne sont pas à craindre immédiatement, cette partie du point d'appui étant encore éloignée, et séparée de nos troupes par des réseaux et des tranchées battus par notre artillerie.

Au-delà de la deuxième ligne, il n'y a aucun point d'où puissent partir des feux ou des contre-attaques, immédiatement dangereux au cours du premier bond ; la troisième ligne (bois au N. de ROYE et tranchées à l'O.) est en effet encore très éloignée et sans action possible sur le terrain à l'O. de la deuxième.

Deuxième bond d'attaque (H. + 1 h. 10).

Lorsque notre infanterie sera arrivée à distance d'assaut (200 à 300 mètres) des tranchées O. de GOYENCOURT, elle va avoir à faire un deuxième bond ayant pour but des'emparer tout d'abord de la deuxième ligne de résistance : ces tranchées et le massif de GOYENCOURT et de ses bois.

Appui direct.

D'après les ordres, ce deuxième bond doit succéder au premier, *sans arrêt* entre les deux. Il faut donc que, sur les premiers objectifs à attaquer au cours du bond, les tranchées O. et S. de GOYENCOURT, la préparation soit terminée pour le moment auquel notre ligne d'attaque arrivera devant eux. Au cas même où un court arrêt de la progression eût été prévu pour ce moment afin de permettre aux unités de se remettre en ordre avant l'assaut, la préparation aurait dû être assez avancée pour que l'infanterie puisse s'élancer à l'attaque dès qu'elle serait prête, et *sans que l'artillerie la fasse attendre*. Il faut en effet laisser à l'ennemi le moins de répit possible afin qu'il n'ait pas le loisir de repérer la position de notre infanterie arrêtée et de la prendre sous des feux d'artillerie ajustés, et afin qu'il ne puisse, non plus, avoir le temps de monter des contre-attaques prêtes à tomber sur nos troupes au moment où elles arriveront désunies au-delà des objectifs enlevés.

Il résulte de tout cela que la préparation sur la deuxième ligne a dû commencer au cours même du premier bond. Les feux de neutralisation initialement déclanchés sur cette ligne étaient suffisants pour une action de couverture, mais pas assez puissants pour une action de préparation. Ils furent donc progressivement renforcés, à mesure que, les objectifs de la première ligne étant enlevés, des batteries devinrent disponibles. Les tranchées O. et S. de GOYENCOURT, furent alors successivement battues par :

75	155	220	280
4 groupes.	2 groupes + 2 batteries.	1 groupe.	1 groupe.
5 —	3 — + —	1 —	1 —
5 —	5 —	1 —	1 —

Couverture.

De front : Ce n'était plus seulement vers le N. de GOYENCOURT que les contre-attaques étaient à craindre : la partie S. du bois dont l'infanterie se rapprochait peu à peu, devenait dangereuse et devait l'être particulièrement quand l'infanterie déboucherait au delà de la zone des tranchées.

Aussi l'action de neutralisation de l'artillerie dût-elle s'étendre peu à peu à toutes les lisières O. du point d'appui qui furent battues depuis l'H. + 0 h. 20, par 4 groupes de 75 et 4 batteries de 155.

Puis au moment où les tirs sur les tranchées doivent être levés pour laisser place libre à l'infanterie d'assaut, ils sont reportés successivement sur GOYENCOURT, d'abord ceux du 280, puis ceux du 220, ensuite ceux du 155, et, en dernier lieu ceux d'une partie des groupes de 75. Le point d'appui est alors battu par :

7 groupes de 75, 19 batteries de 155, 1 groupe de 220 et 1 groupe de 280 : non seulement la neutralisation hermétique est ainsi assurée, mais de plus l'action est assez puissante pour compléter en quelques minutes la préparation sur cet objectif qui doit être attaqué dès que les tranchées auront étés enlevées.

De flanc et en arrière : à ce moment seront à craindre des contre-attaques de flanc qui partiraient de FRESNOY, et des feux du bois CROISETTE sur les éléments qui s'avanceraient au N. de GOYENCOURT. FRESNOY et le bois CROISETTE sont soumis aux tirs de préparation de l'artillerie canadienne qui assure ainsi la couverture de notre Division. La troisième ligne de résistance, qui n'est pas encore dangereuse, mais devait le devenir bientôt si la progression avait continué, pouvait être suffisamment neutralisée par 4 groupes de 75 sur les bois de BRACQUEMONT.

Actions successives : il est à remarquer que, si les tirs sur GOYENCOURT et la zone de tranchées le bordant à l'Ouest avaient été levés à l'heure H, il n'y aurait pas eu de préparation sur ce formidable centre de résistance. La préparation et l'appui direct des attaques de la première ligne, absorbant en effet la majorité des forces de l'artillerie, les batteries, qui restaient disponibles étaient à peine suffisantes pour leur action de couverture sur la deuxième ligne. C'est seulement à H + 0 h. 20 que l'artillerie put appliquer sur les tranchées, des forces assez puissantes pour en préparer l'attaque, et à partir de H + 1 h. 10 qu'elle put, ensuite, faire de même sur le village et ses bois.

Aussi le régiment du Nord dut-il, après l'enlèvement de la première ligne, marquer un temps d'arrêt (qui, à un autre point de vue, eut l'avantage de permettre à sa droite d'abord très refusée, d'arriver à peu près à hauteur de sa gauche). Les préparations sur les fronts respectifs des deux régiments ne pouvant être simultanées, faute de forces suffisantes, avaient été *successives*.

Ainsi furent conciliées, dans la journée du 16, les nécessités de la préparation et de l'appui par feux de masse, absorbant de très grandes forces, avec celles d'une neutralisation complète qui exige, elle aussi, un nombre souvent élevé, de batteries. Si nous résumons, en les généralisant, les moyens à employer pour obtenir ces résultats, nous pouvons formuler les conclusions suivantes.

Conclusions.

La neutralisation complète résulte d'un dosage des forces de l'artillerie en profondeur, dosage constamment variable et dont les modalités d'ensemble sont à régler à la demande des modalités de la progression de l'infanterie.

Celle-ci progresse par bonds, de ligne de résistance en ligne de résistance, chaque bond correspondant à l'enlèvement d'une de ces lignes de résistance. Entre deux bonds successifs est généralement ménagé un arrêt de durée variable ayant pour but de permettre la remise en ordre de l'infanterie, le rétablissement des liens tactiques entre ses unités, la formation et la mise en place du dispositif d'attaque et des réserves en vue du bond suivant.

De là résultent pour l'artillerie les obligations suivantes : son action, au départ pour chaque bond, doit s'étendre à trois zones distinctes et successives.

1° Zone correspondant au premier bond à exécuter.

Sur cette zone, les feux doivent être aussi massifs que possible, afin de briser les dernières résistances morales des éléments ennemis qui vont être immédiatement attaqués ; l'artillerie doit consacrer à cette mission des moyens nombreux et puissants, comprenant une forte proportion d'A. L. de moyen calibre, ainsi que les calibres suprérieurs dont l'emploi serait nécessaire sur certains objectifs, mais sous réserve que leurs tirs ne soient pas dangereux pour l'infanterie (1).

2° Zone correspondant au deuxième bond à exécuter.

Sur cette zone, les feux, sans revêtir obligatoirement un caractère aussi brutal et à action aussi décisive que sur la zone précédente, doivent néanmoins s'étendre à tous les objectifs à attaquer au cours du deuxième bond, et avoir une puissance suffisante pour neutraliser et fixer l'ennemi, macérer son moral, et lui porter une première atteinte sérieuse.

L'artillerie devra y consacrer des moyens puissants dont une partie de l'A. L. de moyen calibre et les batteries de calibre supérieur dont l'emploi sur la zone précédente serait dangereux pour l'infanterie d'attaque, ou inutile en raison de la nature des objectifs.

3° Zone au-delà des deux premières.

Sur cette zone, il n'y aura en général dans les organisations ennemies ou aux lisières des couverts qu'un petit nombre de points d'où les mitrailleuses pourraient agir à grande distance (1.200 mètres et plus) sur les troupes d'attaque progressant dans la première zone.

Des batteries de campagne suffiront à neutraliser ces mitrailleuses en les obligeant à rester terrées, ou bien en aveuglant celles qui, placées sous caponnières bétonnées, pourraient tirer sans se découvrir (tirs fumigènes ou toxiques combinés avec tirs à obus explosifs).

Il arrive souvent d'ailleurs qu'en raison des formes du terrain, il n'y a, dans la troisième zone, aucun point dangereux et d'où il soit possible de tirer sur les troupes d'attaque. Les batteries de 75 sont alors entièrement employées sur les deux premières zones au bénéfice de la puissance de la préparation immédiate. C'est ce qui se passait, dans l'exemple étudié, pour la troisième ligne de résistance (Bois au N. de ROYE). Elle ne pouvait commencer à avoir d'action sur les troupes d'attaque qu'après que celles-ci se seraient avancées au-delà de la deuxième ligne de résistance.

La liaison entre l'Infanterie et l'Artillerie.

Principes de base.

1° LE BUT DE LA LIAISON.

La question de la liaison a fait couler des flots de paroles et des flots d'encre. Les attaques du 14 et du 16 permettront de préciser les principes sur lesquels repose la liaison et les conséquences à en tirer pour le mode d'emploi de l'artillerie.

---

(1) Pendant la préparation, l'infanterie peut se tenir à 200 m. des points battus par le 155 et à 300 m. de ceux que bat le 220.

Qu'est-ce donc que la liaison ? Un fil téléphonique, une antenne de T. S. F. ? Ce sont là des moyens matériels qu'il ne faut pas confondre avec le but, et, avant d'étudier les moyens, il faut définir le but.

L'objet de la liaison entre l'infanterie et l'artillerie, *c'est la concordance des efforts des deux armes dans le temps et dans l'espace en vue d'un but commun.* « Liaison » et « concordance des efforts » sont deux expressions synonymes.

Le but commun aux deux armes, c'est de venir à bout, *dans le moins de temps possible et avec le minimum de pertes pour l'infanterie*, des résistances que l'ennemi oppose à sa progression.

Ce sont là une définition bien pompeuse et des idées bien vagues que des exemples vont préciser.

2° LA LIAISON DANS L'ESPACE.

Pour qu'il y ait « liaison », « concordance » des efforts dans l'espace, il faut que l'artillerie produise son effort aux points voulus, ceux où l'infanterie rencontrera une résistance, et qu'elle agisse pendant le temps et avec la puissance nécessaires.

a) Réalisation de la liaison dans l'espace pour l'attaque du bois en Z.

Quelles résistances peuvent s'opposer à la progression du Bataillon chargé d'attaquer le bois en Z ?

C'est d'abord la *résistance directe* du point à attaquer : le bois, résistance sur laquelle agissent, pour la briser, des forces d'artillerie *d'appui direct* qui, dans ce cas particulier, pour les motifs exposés dans l'étude de cette attaque, doivent comprendre un à deux groupes de 75, un groupe de 155, un groupe de 220.

Ce sont d'autre part les *résistances indirectes* que l'ennemi pourra opposer au Bataillon pour l'empêcher, par des feux ou des contre-attaques partant de points extérieurs au bois, d'abord d'arriver à celui-ci, et ensuite d'en déboucher. Ces résistances peuvent partir : de la tranchée double au S. de DAMERY, du bois de DAMERY et des éléments de tranchées qui le bordent à l'Ouest, de parties flanquantes de la tranchée entre DAMERY et le bois en Z, et de la tranchée au S. de ce bois, des abris bétonnés 05,65 et 03,58, enfin de la tranchée partant du bois de GRALNY vers l'Est. Pour protéger, pour *couvrir* le Bataillon contre leur intervention, doivent agir des forces d'artillerie de *couverture* qui comprennent 3 à 4 groupes de 75, et 2 à 3 groupes de 155. En plus le 280 agit sur les abris bétonnés 05,65 et 03,58. L'ensemble des forces d'appui direct et des forces de couverture du Bataillon constituent son *groupement d'appui* pour l'action offensive qu'il a à mener *à ce moment.*

Le dosage des forces qui entrent dans la composition du groupement d'appui a été et ne pouvait être déterminé en prenant pour base l'effectif ou l'importance de l'unité d'infanterie appuyée (le Bataillon) pas plus que son front d'attaque. Le nombre et le calibre des batteries employées ont été imposés par le nombre, l'étendue, la puissance des objectifs à battre simultanément et en raison de la nature des effets à produire sur chacun d'eux ; effets décisifs de préparation sur l'objectif d'attaque, effets moins puissants de couverture sur les objectifs à neutraliser.

Ayant dosé ces forces, il faut répartir entre elles les différentes missions de manière à produire sur chaque point les effets voulus.

La liaison, concordance des efforts dans l'espace, résulte donc non seulement de la communauté des points d'application des efforts des deux armes mais encore d'un dosage de forces de l'artillerie et d'une répartition de missions entre ces forces à la demande de circonstances indépendantes de l'importance de l'unité d'infanterie d'attaque.

b) Réalisation de la liaison dans l'espace pour les attaques du 16 Août.

(Voir croquis *in fine*).

1er dosage de forces.

Le 16 à midi se déclenchent trois actions offensives simultanées, distinctes mais non indépendantes. A chacune d'elles doit correspondre un groupement d'appui.

A droite : Attaque de VILLERS-LÈS-ROYE par un bataillon : appui direct sur VILLERS ; 2 à 3 groupes de 75 (dont 1 à 2 de l'A. D. de droite); 2 à 3 groupes de 155 (dont 1 à 2 de l'A. D. de droite).

Couverture : résulte de l'action des groupements voisins, sur les objectifs dangereux pour le bataillon, pendant son opération.

Au centre : Attaque d'éléments de tranchée au N. de VILLERS par un régiment (2 Bataillons en ligne, front 800 à 1.000 mètres).

Appui direct sur les objectifs à attaquer de suite ; 2 groupes de 75, 1 groupe de 155.

Couverture : sur la double tranchée S. de GOYENCOURT (front : 900 à 1.000 mètres), 2 groupes de 75, 1 groupe de 155, 1 groupe de 280, ce dernier sur la zone d'abris et de casemates bétonnés.

A gauche : Attaque de la tranchée bretelle et du petit bois au N. par un régiment (2 Bataillons en ligne, front d'action 1.000 mètres environ).

Appui direct sur les 1.000 mètres de la tranchée bretelle et sur le bois au Nord, 2 groupes de 75, 1 groupe de 155, suffisants, vu la nature et l'étendue des objectifs.

Couverture : sur le N. O. de GOYENCOURT et les tranchées O. du point d'appui : 4 groupes de 75, 1 groupe et 4 batteries de 155, 1 groupe de 220.

Les motifs de cette dernière répartition ont été déjà exposées.

2e dosage de forces (à partir de H. plus quelques minutes).

VILLERS enlevé, le bataillon de droite ne doit pas aller plus loin. Il n'y a plus alors, sur le front de la Division, que deux actions simultanées offensives et distinctes, celles des deux régiments qui continuent leur action sur les objectifs du 1er bond. Il ne reste donc que deux groupements d'appui : celui de gauche est renforcé des groupes qui, après avoir tiré sur VILLERS, deviennent disponibles : 1 groupe de 75, 1 groupe de 155 (à l'exclusion des groupes de l'A. D. de droite qui, après avoir appuyé le Bataillon d'attaque, font retour à leur Division).

Répartition de missions dans le groupement de gauche : A mesure que sont enlevées les différentes parties de la tranchée bretelle et du bois au Nord, les batteries devenues disponibles de ce fait reportent leurs tirs sur les objectifs du deuxième bond (GOYENCOURT et tranchées O.). Ils renforcent d'abord l'action d'appui direct sur le premier objectif, la zone des tranchées, et ensuite l'action de couverture sur GOYENCOURT et ses bois, et la répartition est finalement la suivante :

3 groupes de 75, 3 groupes de 155, 1 groupe de 220, en appui direct.

Groupement puissant, car il faut enfoncer la barrière, et quelle barrière ! qui ferme l'accès du point d'appui important de GOYENCOURT.

4 groupes de 75, 4 batteries de 155, en couverture, action qui, nous l'avons vu, peut être relativement beaucoup moins puissante que l'action d'appui direct.

3e et 4e dosages de forces (à partir de H + 0 h. 36 et de H + 1 h. 07).

Les objectifs du premier bond étant enlevés, les deux actions distinctes menées par les deux régiments sont :

L'une, celle de droite, offensive, le régiment continuant à progresser vers ses objectifs de 2e bond ; tranchées S. de GOYENCOURT ; l'autre, celle de gauche, d'abord défensive, ou tout au moins d'expectative : le régiment attend devant les tranchées O. de GOYENCOURT que sa droite, d'abord refusée, soit arrivée à sa hauteur pour attaquer en même temps que sa gauche, et en outre que l'artillerie ait eu le temps d'achever sur le premier objectif à attaquer (zone des tranchées) la préparation qui vient seulement de commencer, quand des forces suffisantes pour cela ont été disponibles.

A H + 0 h. 36, quand le tir de 280 devient dangereux pour le régiment de droite qui s'approche des tranchées, le groupe de 280 est rattaché au groupement de gauche qui doit entamer l'action sur les abris bétonnés des bois au S. de GOYENCOURT. C'est le 3e dosage.

Vers H + 1 h. 07, quand arrive l'heure fixée pour l'assaut des tranchées sur tout le front (H + 1 h. 10), les tirs devant le régiment de droite sont levés, d'abord ceux des deux groupes de 155, puis ceux de 75.

Le groupement d'appui de ce régiment ne conserve alors que 4 groupes de 75 suffisants pour agir en couverture sur le bois de BRACQUEMONT encore peu dangereux, parce qu'éloigné. Les deux groupes de 155 passent dans le groupement d'appui de droite qui comprend alors tout le reste des forces de l'A. D., savoir : 7 groupes de 75, 19 batteries de 155, 1 groupe de 220, 1 groupe de 280.

Toutes ces forces agissent *en appui direct* sur GOYENCOURT, premier objectif d'assaut après que les tranchées vont être enlevées.

La couverture du régiment d'attaque résulte, comme il a été déjà dit, des puissants tirs de préparation de l'artillerie canadienne sur FRESNOY et sur le bois CROISETTE.

La formidable puissance du groupement d'appui et l'utilisation de toutes ses forces en appui direct étaient motivées par la grande étendue de l'objectif et par la force et le nombre des organisations défensives, dont beaucoup d'emplacements mal déterminés qu'il renfermait. Elle était d'autant plus nécessaire qu'elle devait produire ses effets en très peu de temps : depuis H + 1 h. 10 jusqu'à H + 1 h. 20 sur la moitié O., la plus forte, et jusqu'à H + 1 h. 25 sur la moitié E. D'autre part, il y avait intérêt à favoriser la progression rapide du régiment de gauche, aile marchante du mouvement de débordement commencé sur ROYE. Enfin, pour s'emparer de la deuxième ligne de résistance, il fallait avant tout avoir GOYENCOURT. Ce point d'appui enlevé, les tranchées au Sud devaient, étant largement débordées, tomber facilement, tandis qu'il eût été à peu près impossible d'en déboucher, tant que l'ennemi resterait maître de GOYENCOURT.

Conclusions.

A chaque bond de l'infanterie correspond une situation tactique déterminée et différente de celle qui correspondait au bond précédent. C'est donc chaque fois un nouveau problème à traiter, et sa solution réside dans un certain nombre d'actions tactiques distinctes, offensives ou défensives, simultanées ou successives.

Chacune de ces actions est menée par une ou plusieurs unités tactiques d'infanterie (Bataillon) et doit être appuyée par un groupement correspondant de forces d'artillerie.

La liaison — concordance des efforts des deux armes dans l'espace résulte d'un dosage approprié des forces de l'artillerie divisionnaire entre les différents groupements d'appui.

Le dosage est indépendant du nombre des unités d'infanterie engagées dans chaque action, et de leur front d'attaque. Tandis qu'à un front d'attaque, de largeur déterminée, correspond toujours sensiblement et quel que soit le terrain le même nombre de bataillons de première ligne, au contraire les forces de l'artillerie qu'il est nécessaire de faire agir sur un front déterminé, (un front moyen de bataillon ou de régiment par exemple), doivent et peuvent varier dans d'énormes proportions. Dans certains cas, et si par exemple, un bataillon doit attaquer un objectif linéaire, peu étendu, peu profond, peu résistant et sans flanquements, 1 à 2 groupes de 75 suffiront à l'appuyer. L'instant d'après, si le même bataillon doit attaquer un objectif profond très solidement constitué et bien flanqué, tel GOYENCOURT, plusieurs groupes de 75 et de 155 seront nécessaires pour l'appuyer avec la puissance voulue, et encore faudra-t-il parfois y joindre du 220 ou du 280. Le dosage, c'est-à-dire le nombre des batteries de chaque calibre à attribuer à chaque groupement d'appui est donc *variable*, tant à considérer l'une des unités d'infanterie appuyées qu'à les comparer entre elles, et les seuls facteurs déterminants du dosage sont les suivants :

Nombre, étendue, nature des objectifs à battre.

Puissance d'action à réaliser sur chacun d'eux (préparation et appui ou couverture).

Mission d'ensemble de l'unité appuyée (débordement de ROYE par l'aile gauche).

Mission momentanée de chaque unité (offensive du régiment de droite tandis que le régiment de gauche est momentanément en expectative devant GOYENCOURT).

Importance tactique relative des divers objectifs (au point de vue tactique, il faut avoir GOYENCOURT pour déboucher des tranchées au Sud).

Temps dont dispose le groupement d'appui pour produire les effets voulus (rapidité de la préparation sur GOYENCOURT).

Situation topographique des objectifs, par suite de laquelle il peut se trouver en angle mort des tirs de certains calibres, ce qui exige d'en employer d'autres pour le battre.

Il ne saurait donc être question, pour déterminer la composition des groupements, de faire intervenir, comme on l'a souvent voulu, aucune considération de proportionnalité entre effectif appuyé et forces d'appui, ni par conséquent d'affecter à l'appui de chaque unité d'infanterie, d'importance déterminée, une force *invariable* de nombre ou de nature, un groupe de 75 par exemple à un Bataillon. De plus, pour une même unité d'un groupement d'appui déterminé, la mission change souvent : elle passe d'une action de couverture à une action d'appui direct sur le même objectif ou sur un autre objectif comme nous l'avons vu, et l'appui nécessaire ne sera obtenu que si les missions entre les unités d'un même groupement sont réparties à la demande de la nature et de l'étendue des objectifs à assigner à chacune d'elles, du genre d'action qu'elle doit exercer (appui ou couverture), du temps pendant lequel elle doit l'exercer ou dans lequel elle doit produire des effets déterminés. Il est donc impossible de songer à mettre les unités d'un même groupement sous les ordres d'autorités différentes, par exemple le 75 sous les ordres du Commandant du bataillon ou du régiment appuyé, l'A. L. sous les ordres directs d'un chef indépendant ; ou encore, ainsi que certains l'ont voulu faire, tout ou partie de l'artillerie de campagne sous les ordres du Commandant de l'infanterie divisionnaire, l'artillerie lourde seule étant maniée, de manière indépendante du 75, par le Général de Division ou par son Commandant d'A. D.

Il est d'autant plus nécessaire que chaque groupement relève d'une seule autorité, le Commandant des forces d'appui de l'action tactique envisagée, et que tous les groupements soient sous les ordres uniques du Commandant de l'A. D., qu'il y a souvent à combiner l'action des batteries affectées en propre à l'A. D. avec celle de batteries de divisions voisines ou d'artillerie lourde de corps d'armée ou même d'armée, mises momentanément à la dispositions de l'A. D. dans un but déterminé : A. D. de droite sur VILLERS, 155 d'artillerie de corps sur GOYENCOURT, 280 sur 05,36. Enfin il faut aussi combiner l'action des groupements entre eux et avec celle des groupements des divisions voisines, de façon que les actions des uns et des autres se complètent et se recoupent (artillerie canadienne sur FRESNOY et bois CROISETTE, pour couvrir la gauche de la ᵉ division).

Lorsque les forces dont dispose l'A. D. sont insuffisantes pour préparer et couvrir des attaques simultanées sur tout le front, il devient nécessaire, à moins que les divisions voisines ou le corps d'armée ne prêtent un concours *suffisant* à l'A. D. d'attaquer *successivement* les divers points à enlever. Le dosage peut alors être fait de manière à assurer encore la liaison des efforts dans l'espace pour les unités qui attaquent. C'est la tactique des coups de poing successifs.

De ce qui précède, il résulte que :

1° Le combat de la Division ne peut, comme on l'a voulu souvent, être considéré comme la juxtaposition des combats de groupements immuables et constamment autonomes d'infanterie et d'artillerie, ayant pour base le Bataillon auquel on affecte une quantité déterminée et constante de batteries, (par exemple le groupe d'appui direct).

2° La conduite du combat de la Division par des groupements autonomes comprenant chacun un ou deux bataillons et une quantité immuable d'artillerie est absolument incompatible avec la concordance des efforts des deux armes dans l'espace, c'est-à-dire avec la liaison entre elles.

3° L'autonomie constante dans le combat ne peut s'admettre que pour une unité assez importante pour disposer en propre de forces d'artillerie lui permettant d'agir à tous moments et sur tout le front de sa zone d'action avec une force suffisante pour poursuivre sa mission, de façon qu'elle puisse mener le combat de bout en bout avec ses seuls moyens, sans qu'il soit nécessaire de modifier, sauf cas exceptionnel, le dosage des forces dont elle dispose. Il faut de plus que cette unité dispose d'organes de liaison et de renseignements assez complets et assez rapides pour la mise en œuvre de ces moyens à la demande de la situation à chaque moment.

La plus faible unité répondant à ces conditions est la Division.

Vouloir étendre le même principe d'autonomie à une fraction de l'infanterie d'attaque de la Division, et répartir, *ne varietur*, entre les bataillons pour toute la progression les forces d'artillerie soit d'un même calibre (le 75), soit de calibres différents, affectées à cette grande unité, c'est s'exposer à n'avoir souvent sur chaque partie du front d'attaque que des forces insuffisantes pour appuyer et couvrir sa progression.

Le dosage s'impose pour une Division, comme pour les parties constitutives de la Division ; mais les modifications à lui faire subir, ne s'imposent alors et en général, qu'à de longs intervalles et, la progression peut être souvent assurée pour plusieurs bonds et sur une grande profondeur, sans que des changements deviennent nécessaires.

La liaison dans le temps.

Liaison dans l'espace ou rien, cela revient au même s'il n'y a aussi liaison, concordance, des efforts dans le temps, et concordance équivaut, ici, à *concomitance*.

Si l'artillerie, ayant mis l'ennemi knock-out, relâche son étreinte et ne le maintient pas à terre avec toute la puissance voulue pour cela, jusqu'à ce qu'elle le passe à l'infanterie pour lui donner le coup de grâce, celui-ci se relèvera, pansera ses blessures et appellera au besoin au secours. Et lorsque l'infanterie, croyant tomber sur un adversaire terrassé et râlant, arrivera sur lui, elle sera toute surprise de le trouver se débattant encore énergiquement avant de se laisser tout-à-fait abattre. ou même complètement rétabli de sa chute, et accueillant son adversaire à coups de fusil, de grenades et de mitrailleuses, au lieu de le voir gisant à terre ou à genoux, les mains levées pour demander grâce en criant « kamerad ».

C'est cependant ce qui arrive bien souvent lorsque la préparation de l'attaque repose sur la recherche des destructions et son appui sur l'emploi de tirs constamment mobiles dits tirs d'accompagnement : le 280 agit alors plusieurs jours avant le 220, celui-ci quelques jours avant le 155, le 155 bien avant le 75, et ce dernier plusieurs jours ou plusieurs heures avant que n'arrive l'infanterie, ne donnant au moment où celle-ci va attaquer qu'une dernière chiquenaude : le barrage roulant.

Il faut donc que tous les calibres tapent fort et tapent ensemble et qu'ils ne cessent de taper fort et ensemble jusqu'au moment où l'infanterie saute sur l'ennemi qu'ils ont terrassé.

La rémanence de la neutralisation n'a qu'un temps, et, après que les tirs ont cessé, la dépression morale qu'ils ont déterminée cesse peu à peu jusqu'à disparaître complètement, si bien qu'enfin l'ennemi retrouve assez de volonté et d'empire sur lui-même pour résister.

Aussi, en insistant sur la nécessité et la possibilitéde d'obtenir la neutralisation rémanente, n'avions-nous pas dans l'idée qu'elle dût permettre d'augmenter impunément le temps qui s'écoule entre la cessation des tirs d'artillerie et l'irruption de l'infanterie. Elle n'a pour but que de conjurer les conséquences du répit fatalement laissé à l'ennemi entre ces deux actes obligatoirement successifs.

Tout doit être fait pour diminuer la durée de ce répit ; la rémanence est un atout donné à l'infanterie dans ce but, la rapidité de son irruption en est un autre ; elle doit jouer des deux si elle veut mettre de son côté toutes les chances et gagner la partie, et la formule du succès reste la suivante : assaut immédiat et rapide sur fin de préparation brutale.

Nous allons en trouver des preuves dans l'attaque du 16 : un barrage roulant ayant été prescrit, la liaison devait se faire, d'un bout à l'autre de la progression, suivant le mode horaire, les tirs sur chaque objectif devant être levés à une heure fixée d'avance.

Sur le front du régiment de gauche, cela ne pouvait avoir d'inconvénients, Au départ, à H., ce régiment se trouve à distance d'assaut de ses objectifs de 1er bond : tranchée bretelle et petit bois au Nord. Le barrage roulant, déclanché à très petite distance de ces objectifs ne constituera que le dernier terme de la série des tirs de préparation auxquels il succède sans transition, et, ne se distinguant pas des autres tirs, il ne constituera pas pour l'ennemi le signal de la cloche d'alarme qui fait déclancher les barrages. L'infanterie donne l'assaut exactement au moment où cessent les tirs et s'empare facilement de ses objectifs.

Ensuite elle avait à s'avancer à distance d'assaut des tranchées de GOYENCOURT et, pendant sa marche d'approche très courte sous la protection des feux écrasants qui battent les tranchées, il n'est pas à craindre qu'elle subisse de retards appréciables. D'ailleurs, pour arriver à pied d'œuvre, elle dispose du temps assez long (40 minutes environ) nécessaire à la préparation et à l'arrivée de sa droite à peu près à sa hauteur de sa gauche ; elle s'y trouve donc largement avant l'heure fixée pour l'assaut. A ce moment le barrage roulant prescrit est exécuté par 2 groupes (sur les 7 qui battent GOYENCOURT et ses tranchées). Il n'interrompt pas l'action de préparation et, partant très près de l'objectif, se confond dans la masse des tirs, sans qu'aucun changement de tableau puisse apparaître à l'ennemi.

Dans de telles conditions, le barrage roulant a même un avantage ; pouvant être exécuté avec une très grande vitesse de tir puisqu'il ne doit durer que une ou deux minutes, il marque à l'infanterie un signal net la prévenant que les tirs vont être levés et que le moment du départ pour l'assaut est arrivé.

Prolongé pendant deux ou trois minutes seulement (sur deux hausses échelonnées de 50 mètres par exemple), il n'oblige pas les vagues d'assaut à cheminer lentement derrière lui et celles-ci pourront franchir très rapidement les quelques cent mètres qui les séparent encore de l'objectif.

Sur le front du régiment de droite, il n'en allait pas de même. Il devait s'emparer d'abord de quelques élémente de tranchées. Ensuite sa gauche devait progresser le long du boyau issu de ce bois vers l'E. tandis que sa droite devait cheminer lentement et prudemment tant que VILLERS, qui constituait un flanquement, dangereux pour elle, ne serait pas complètement entre nos mains. Enfin il avait à franchir un glacis de 1.800 à 2.000 mètres sur lequel la moindre mitrailleuse échappée aux tirs pouvait lui infliger des retards, et, pendant cette longue marche d'approche à découvert, il était à craindre que l'artillerie de la défense n'aît bien des occasions d'agir sur lui. L'on ne pouvait donc espérer que ce régiment pourrait progresser à la vitesse de 100 mètres en trois minutes et se trouver à heure fixe et calculée d'avance à distance d'assaut de la deuxième tranchée (Sud de GOYENCOURT). Il eût été nécessaire que les tirs des deux groupes de 155 et des 2 groupes de 75 qui ne cessèrent d'agir sur cette tranchée ne fussent pas allongés au moment où ils seraient rejoints par les 2 groupes de barrage roulant, et que ce dernier tir venant se fondre dans les autres, le tout ne fût levé que lorsque l'infanterie eût été prête à donner l'assaut. Seulement alors le signal de la levée des tirs pouvait être donné soit par l'infanterie elle-même, soit par le Général de Division. (1).

Les retards à craindre se produisirent ; les tirs furent levés bien avant que l'infanterie ne soit à distance d'assaut, et l'ennemi reprenant confiance se remit à tirer, nous causa des pertes et fit échouer l'attaque.

Donc échec et pertes au Sud ; la liaison dans l'espace avait été assurée, mais il n'y avait pas eu liaison dans le temps. Succès et très peu de pertes au Nord ; il y avait eu liaison concordance des efforts des deux armes non seulement dans l'espace, mais aussi liaison, concomitance dans le temps.

---

(1) NOTA : Sans exposer ici en détail les méthodes à employer pour donner ce signal, nous dirons simplement qu'il peut être fait (suivant conventions établies d'avance) :

Soit par l'infanterie elle-même qui prévient l'artillerie de l'heure de l'assaut par téléphone, ou bien, si les liaisons sont coupées, par le lancement d'une fusée.

Soit par le Général de Division qui, prévenu par l'avion que le Bataillon (ou le Régiment) est prêt à donner l'assaut, fixe l'heure de celui-ci et en prévient l'infanterie et l'artillerie, soit par téléphone, soit, si les liaisons sont coupées, en faisant lancer une fusée par l'avion de commandement.

L'attaque de flanc.

Par l'enlèvement de GOYENCOURT, la partie S. de la tranchée se trouvait débordée, et des éléments d'infanterie la remontant peu à peu des deux côtés, du N. au S. , en firent le nettoyage.

Il ne fut pas demandé à l'artillerie d'appuyer cette opération. C'était une attaque de flanc, attaque d'un genre spécial, mais qui, comme toute attaque, a besoin de l'appui de l'artillerie. Celle-ci pouvait coiffer la tranchée et lever ses tirs par petites tranches, progressivement du N. au S., l'infanterie s'approchant sans danger à 50 mètres de tirs exécutés de flanc, dans une direction parallèle à son front de marche. C'est un procédé qui nous a souvent réussi.

Ainsi appuyée, l'opération pouvait être beaucoup plus rapide et n'exiger que 20 à 25 minutes.

Les résultats des attaques du 16.

Après avoir dépassé GOYENCOURT et le bois des Vignes, l'infanterie subit une contre-attaque venant de FRESNOY, lorsque les tirs canadiens sur cette localité eurent cessé. Elle put néanmoins se maintenir aux lisières du point d'appui.

A gauche, les Canadiens n'avaient pu prendre FRESNOY.

A droite, l'attaque sur SAINT-MARD-LES-TRIOT avait également échoué.

Pour ces motifs divers l'attaque sur le troisième objectif ; bois au N. de ROYE, ne put avoir lieu le 16.

LES ATTAQUES DU 18.

1re attaque. — Le groupe d'appui direct.

Dans la nuit du 17 fut donné l'ordre d'attaquer le 18 au point du jour « pour s'installer sur la ligne : Chemin du bois des Vignes au bois de l'Abbaye, lisières N. et E. du bois Fendu et du bois de BRACQUEMONT, sucrerie de Saint-Médard, et de déborder ROYE par le Nord. L'A. L. exécutera des tirs sur le bois de l'Abbaye et sur CARREPUITS. Les groupes de 75 d'appui direct se conformeront aux ordres des Commandants de régiments auxquels ils sont rattachés.

Les autres groupes resteront prêts à agir sur les contre-attaques qui se déclancheraient et sur les objectifs fugitifs qui seraient signalés. »

Les trois régiments attaquaient chacun par un bataillon en première ligne appuyé par une section de chars. A part les 3 groupes d'appui direct, le reste de l'A. D., c'est-à-dire 4 groupes de 75, 5 groupes de 155, 1 groupe de 220, était employé sur des objectifs extérieurs à la zone à attaquer ou réservé pour des imprévus hypothétiques.

C'est là un exemple de la conduite du combat par 3 groupements autonomes et indépendants qui, en l'espèce, comprennent chacun un bataillon, 1 groupe, une section de chars sous les ordres d'un Lieutenant-Colonel Commandant un régiment d'infanterie. Chacun d'eux a le même front d'attaque, 700 mètres environ, et dispose des mêmes moyens. Quelles que soient les résistances rencontrées, fortes, faibles ou nulles, ils ne peuvent l'un et l'autre appliquer que les mêmes efforts. C'est ce que l'on appelle le combat parallèle.

Dans le cas dont il s'agit : le bataillon de gauche avait à attaquer le bois Fendu et les deux chemins creux qui, au N. du bois, avaient pu être organisés par l'ennemi. Un groupe de 75 eût été insuffisant pour la préparation sur cet objectif et il fallait du 155 sur le chemin creux d'où étaient partis des feux précédemment. Mais surtout, ce groupe ne pouvait couvrir l'attaque par action sur FRESNOY (d'où l'ennemi avait déjà contre-attaqué), et sur le bois Croisette, ainsi que sur tous les éléments de tranchées et les trous d'obus qui entouraient ce bois. Là arrivaient plusieurs boyaux, ce qui pouvait donner à penser que le bois était occupé, et peut-être recélait-il des abris ; ce que l'on avait trouvé dans les bois en Z et de GOYENCOURT rendait cette hypothèse très plausible.

Devant le bataillon du centre, le bois de BRACQUEMONT, qui avait au moins 1 kilomètre de front sur 200 à 400 mètres de profondeur, était un objectif trop étendu pour un seul groupe qui aurait eu à battre de plus les les tranchées précédées de réseaux en avant et en arrière de ce bois.

Enfin, bien que le bataillon de droite ne dût pas attaquer ROYE, il devait néanmoins se conformer au mouvement, et, tant pour le protéger que pour couvrir la droite du bataillon attaquant le bois de BRACQUEMONT, il était nécessaire de neutraliser la tranchée O. de ROYE, la région de la gare et le faubourg Saint Médard.

Les chars pouvaient bien réduire quelques mitrailleuses isolées, mais il ne leur était pas possible de courir les aventures vers FRESNOY, le bois Croisette et ROYE pour couvrir l'attaque. Leur action ne pouvait se substituer à celle de l'artillerie. L'on avait affaire à un ennemi accroché à de fortes organisations et son attitude des jours précédents avait prouvé qu'il entendait se défendre. L'appui et la couverture des bataillons étaient à organiser en conséquence et les groupes d'appui direct ne pouvaient y suffire.

Même dans des cas beaucoup plus simples, il en sera ainsi : certains semblent s'imaginer que, si quelques mitrailleuses arrêtent le bataillon, le groupe d'appui direct pourra les détruire une à une, comme le ferait un gros fusil tirant à vue directe à quelques centaines de mètres et auquel le Commandant du bataillon indiquerait le but et commanderait le feu. C'est là une illusion, car tout au plus la première ligne d'infanterie pourra-t-elle faire connaître approximativement et en bloc les directions ou les zones d'où partent les coups. Sauf cas tout à fait exceptionnel, le groupe d'appui direct ne pourra faire autrement que de substituer au tir à la cible le tir sur zone, et pour produire une action rapide sur un front de 500 à 700 mètres, il sera absolument insuffisant.

D'ailleurs bien d'autres motifs peuvent le mettre en faillite complète ; tantôt il sera en train de changer de position, tantôt l'objectif sera en angle mort de ses feux, parfois enfin ses tirs, en raison de leur direction, pourront être dangereux pour les unités qui encadrent le bataillon appuyé et dont l'emplacement ne saurait être connu à chaque moment d'un chef de bataillon qui agit en entière indépendance avec son infanterie et son artillerie, dans son compartiment de terrain. Dans ces divers cas il faut alors faire appel à un autre groupe qui, pas davantage, ne pourra faire face à toutes les missions qu'exigent l'appui et la couverture du bataillon.

On n'aura donc réussi qu'à prévenir l'ennemi et à perdre du temps. Les partisans du groupe d'appui direct considèrent cependant que l'un des principaux avantages de son emploi est de permettre plus d'à propos et de rapidité dans les interventions de l'artillerle, parce que, selon eux, les liaisons entre elle et l'infanterie seront plus directes, plus faciles, et plus sûres.

Le Chef de bataillon doit s'adresser, soit directement, soit par l'intermédiaire du Commandant du régiment, au Commandant du groupe d'appui direct, et celui-ci à ses batteries qui sont à une distance de 2 à 5 kilomètres.

Il eût aussitôt fait de s'adresser au Chef d'un groupement supérieur qui emploiera d'emblée les forces nécessaires : 1 seul groupe de 75 si cela doit suffire, plusieurs groupes de campagne et d'artillerie lourde si les circonstnaces l'exigent. Et si ce Commandant des forces d'appui n'a pas à ce moment dans son groupement les moyens suffisants, il les demandera au Commandant de l'A. D. qui les lui fournira, soit de suite, soit plus tard, selon que le Général de Division estimera qu'à ce moment c'est la progression du bataillon en question ou bien celle des autres qu'il y a lieu de favoriser, s'il ne peut les appuyer simultanément.

Donc la liaison soi-disant plus rapide avec le groupe d'appui direct n'a pu aboutir qu'à une liaison de conversation entre les deux Commandants intéressés, mais non à une liaison d'action des troupes sous leurs ordres ; après de vains essais qui n'auront eu d'autres résultats que d'empêcher la surprise tactique et d'entraîner des pertes de temps et des échecs, sources de pertes en hommes, force sera de revenir, à des méthodes rationnelles. Il faudra monter, d'après les principes de la liaison-concordance des efforts, une action d'ensemble dans laquelle le groupe initialement conjugué avec le bataillon fera sa partie au même titre que les autres, pour l'appui ou la couverture, sans faire cavalier seul sous la conduite directe du Commandant du bataillon ou du régiment.

Mieux eût valu commencer par là. Les évènements du 20 le prouvent. Les attaques n'étaient ni préparées, ni appuyées, ni couvertes, et, elles échouèrent. A gauche nos troupes à peine entrées dans le bois Fendu en furent rejetées par une contre-attaque appuyée par les feux du bois Croisette et de la cote 81. A droite, elles ne purent même avancer vers le bois de BRACQUEMONT. Il fallut recommencer sur de nouveaux frais.

2e attaque. — Appui par feux de masse.

A 10 h. 20 fut donné un nouvel ordre d'attaque :

« L'ennemi résiste vigoureusement avec des mitrailleuses au bois Fendu, à la cote 81, aux lisières de BRACQUEMONT, au chemin creux de la ferme La Grange, à la gare de ROYE. »

« La préparation commencera à 14 h. 30. L'attaque aura lieu à 17 h. ».

C'était 1 h. 1/2 de plus qu'il n'en fallait. Une 1/2 h. à 1 h. devait suffire si l'on n'avait en vue des destructions impossibles. L'attaque fut préparée, appuyée et couverte par feux de masse qui ne cessèrent qu'au moment où l'infanterie, arrivée sous leur protection à distance d'assaut de ses objectifs, s'élança à leur attaque. Quelques batteries d'A. L. C. A. renforcaient bénévolement l'A. D.

De la préparation sur BRACQUEMONT en particulier le Chef du bataillon d'attaque raconta qu'elle était tellement puissante que, pendant ce temps, lui et ses hommes se promenaient devant le bois en fumant leur pipe ; le barrage roulant leur aurait donné moins de confiance.

Sur le flanc gauche, FRESNOY et le bois Croisette étaient battus par toute l'artillerie lourde canadienne qui obtempérait à toute demande de l'A. D.

Au centre, le 75 ou le 155 neutralisaient le flanquement du bois de l'Abbaye. Sur la droite le faubourg Saint-Médard, la sucrerie, la gare furent battus par le 220 et ensuite par le 155 et le 75. L'attaque réussit sans pertes. Dans le bois de BRACQUEMONT, on fit une centaine de prisonniers. Mais le bataillon de droite, qui n'avait pas participé à la première attaque et devait au contraire participer à la deuxième, fut arrêté devant les réseaux de la tranchée O. de ROYE qui n'avaient pas été détruits, ROYE ne devant pas primitivement être attaqué, tout au moins de front. De cet arrêt résulta un trou entre la gauche du bataillon et la droite de celui qui avait enlevé BRACQUEMONT. Le trou fut comblé par l'artillerie pendant l'attaque, mais celle-ci ne pouvait indéfiniment tirer sur ce point. Dans la soirée, les Allemands, profitant de la circonstance, contre-attaquèrent en partant du ravin au S. du bois de BRACQUEMONT, et le bataillon qui avait enlevé ce bois, menacé d'être débordé et pris à revers, dut évacuer le bois. Il fut relevé dans la nuit.

JOURNÉE DU 20. — PRÉPARATION PAR DESTRUCTION. APPUI PAR BARRAGE ROULANT.

La journée du 20 va nous fournir un exemple nouveau des inconvénients du barrage roulant.

Attaque générale sur tout le front de l'armée. En ce qui concerne la Division :

1er objectif : *voie ferrée et gare de ROYE. Front d'attaque entre la corne N. du bois de BRACQUEMONT et la route d'AMIENS.*

2e objectif : *CARREPUITS.*

L'artillerie doit exécuter des destructions *sur la tranchée O. de ROYE, SAINT-MEDARD, la Gare, la croisée du chemin de fer et de la route d'Amiens.*

L'attaque sera accompagnée par un barrage roulant sans arrêt jusqu'au deuxième objectif.

De ces ordres résultait que ROYE ne devait plus être seulement débordé par le Nord et qu'il fallait aussi l'attaquer de front, ne laissant en dehors de la zone d'attaque qu'une partie du noyau central de la localité.

Nous avons vu quelles étaient les organisations de ROYE. Durant des années, elles avaient été soumises à des feux puissants d'artillerie et l'on ne pouvait espérer qu'un tir de quelques heures modifierait beaucoup l'état des destructions. Que ce fût pour détruire ou pour neutraliser, il fallait agir fort. Toute l'A. L. y fut employée, car elle était inutile sur le bois de BRACQUEMONT où nos troupes, lors de l'attaque précédente, avaient pu constater l'absence d'organisations sérieuses. 4 groupes de 155 de l'A. D. renforcés par 1 groupe de 155 de l'A. L. C. A. et 1 groupe de 280 furent employés sur ROYE avec 6 groupes de 75, tandis que 3 groupes de 75 seulement agissaient sur le bois de BRACQUEMONT ; les bois Croisette et de l'Abbaye étaient battus, ainsi que FRESNOY, par toute l'artillerie canadienne.

Le bataillon de gauche enleva facilement le bois et arriva à la voie ferrée. Mais, de même que la veille, le bataillon de droite, retardé dès son départ par des obstacles sérieux, fut presque immédiatement lâché par son barrage roulant qui chassa devant lui toute la masse des feux d'appui, bien avant que l'infanterie ne fût arrivée aux point s sur lesquels ils étaient appliqués. Avant même l'attaque, ce bataillon se trouvait déjà en retrait de 300 mètres par rapport à son voisin ; le trou qui les séparait ne fit que s'agrandir, et les Allemands en profitèrent encore. Ils contre-attaquèrent dans la fissure, en même temps qu'ils tombaient de front sur le bataillon arrivé à la voie ferrée ; celui-ci dut se retirer, sous peine d'être entièrement coupé. Les deux bataillons avaient des effectifs assez réduits et à peine suffisants pour l'attaque sur un front de 700 mètres environ assigné à chacun d'eux : le bataillon de gauche avait placé une compagnie à la corne S. E. du bois pour assurer la liaison, mais c'était insuffisant pour boucher l'intervalle entre la Ferme, La Grange et la voie ferrée. Il eût été nécessaire que des réserves prélevées sur celles de l'échelon supérieur fussent prêtes à boucher le trou s'il se produisait, éventualité à craindre d'après l'expérience de la veille et pour les mêmes motifs. Après cet échec, ces réserves furent mises en œuvre, ce qui permit au bataillon refoulé de reprendre l'action. A 17 heures, par filtration et au prix de quelques combats locaux, il réoccupe la lisière Est du bois.

La Division de droite avait encore échoué dans son attaque sur SAINT-MARD-LES-TRIOT.

JOURNÉES DU 20 AU 26 AOUT.

Du 16 au 20 août, la me Division avait enlevé les organisations ennemies sur 5 kilomètres de profondeur. Elle se trouvait en flèche à 3 kilomètres en avant de ses voisins et ne pouvait continuer à pousser devant elle sans que ses flancs, déjà très exposés, ne le fussent encore davantage. Le corps d'Armée lui ordonna de conserver une attitude expectante. Jusqu'au 22, la couverture du flanc Sud résultat des attaques françaises sur SAINT-MARD et des attaques ou actions d'artillerie des Canadiens sur FRESNOY et le bois Croisette.

Les Canadiens furent relevés par une Division française qui commença dès le 22 la préparation de l'attaque de FRESNOY. Cette attaque devait avoir lieu le 23 ; elle fut remise successivement au 24 ,puis au 25 et enfin au 26, parce que *les destructions étaient jugées insuffisantes.* C'est là un exemple typique de la longueur des préparations par destructions et de leurs inconvénients. FRESNOY n'était pas plus fort que GOYENCOURT, bien au contraire. Il avait été soumis, pour ainsi dire sans arrêt, du 11 au 22 aux tirs de presque toute l'artillerie lourde canadienne, du 22 au 26 à ceux d'une très puissante artillerie française. La préparation dura donc 15 jours avec, entre temps, une attaque manquée des Canadiens, et le village ne fut enlevé que le 26 (après une dernière phase de préparation pendant toute la matinée jusqu'à midi), par le concours de 5 bataillons, dont l'un partant de GOYENCOURT occupé par la me Division put attaquer *de flanc sans avoir à franchir de réseaux.* Une préparation *par feux de masse* avait permis à 2 bataillons d'enlever la tranchée bretelle, le petit bois au N., les tranchées O. de GOYENCOURT et GOYENCOURT en 2 heures, préparation comprise, par une attaque *de front* qui avait eu à franchir 3 lignes de réseaux (brêches faites d'avance le 14), et cela presque sans pertes du fait de l'infanterie ennemie.

A droite, les préparations par destructions sur SAINT-MARD-LES-TRIOT avaient conduit aux mêmes lenteurs sans plus de résultats, et il faut s'en étonner d'autant moins que, dans ce secteur, le terrain était entièrement boisé, ce qui rendait plus difficile encore une détermination des emplacements des ouvrages ennemis suffisamment précise pour permettre à l'artillerie de les détruire.

Le 26, l'artillerie de la me Division reçut mission d'aider successivement la Division de gauche dans son attaque sur FRESNOY et la Division de droite pour l'enlèvement de SAINT-MARD-LES-TRIOT. Pour la première affaire, elle eut à couvrir la droite du bataillon qui attaqua sur la partie S. E. de FRESNOY en partant de GOYENCOURT. A cet effet, elle doit battre à partir de midi, heure du départ de l'attaque, le bois Croisette, les boyaux qui, venant de l'Est, les côtoient ou y pénétrent, les éléments de tranchée et les trous pour tireurs ou mitrailleurs qui l'entourent, à l'O., au S. et à la cote 81. A ces missions sont employés 4 groupes de 75 et 2 groupes de 155 qui agissent de plus sur les 2 chemins creux au N. du bois Fendu. Le bois Croisette est battu par concentrations des 4 groupes de 75 agissant 2 par 2 en partant de 2 lisières opposées, en même temps que le 155 fait des tirs rapides de 5 à 6 minutes. Dans les intervalles de ces tirs de concentration sont exécutés des tirs lents. Ce fut là une très puissante concentration.

A 1 h. 30, tandis que 2 groupes de 75 et 2 groupes de 155 continuent à agir de la même façon, notre infanterie part du bois Fendu, précédée d'un barrage roulant de 2 groupes et s'avance sur le bois Croisette. Primitivement l'attaque devait être faite par une compagnie ; le Commandant du régiment décida de n'envoyer qu'une section. Celle-ci pénètre dans le bois à l'instant précis où les tirs sont levés ; elle s'en empare, capture plus de 100 prisonniers dont 4 officiers et prend 16 mitrailleuses ; elle-même ne perd en tout que 2 hommes seulement blessés.

Ce jour là FRESNOY fut enlevé et ensuite SAINT-MARD. Dans la nuit du 26 au 27 l'ennemi se replia. La me Division s'empara du bois et de Fe de l'Abbaye, mit la main sur ROYE et, dépassant la ville, s'avança jusqu'à la ferme Waucourt.

CARACTÉRISTIQUES DE LA PRÉPARATION ET DE L'APPUI PAR FEUX DE MASSE.

Après l'exposé de ces évènements, il est facile de se rendre compte des caractéristiques de l'emploi de l'artillerie par actions massives et de courte durée, tel qu'il a été décrit. La grande différence par laquelle se distingue la préparation basée sur la recherche des destructions matérielles de la préparation brusquée dans laquelle est avant tout recherché l'effet moral est la suivante :

Dans la première, les effets de l'artillerie sont dispersés sur 4 à 6 kil. de profondeur et répartis sur une période de 4 à 15 jours.

Dans la deuxième, ils sont concentrés en une demi-heure à 1 h. 1/2 sur 400 à 600 mètres de profondeur.

Dans le premier cas, l'artillerie cherche à entr'ouvrir, simultanément et aussi loin que le permet la limite de portée efficace des pièces, les barrières qu'aura à forcer successivement l'infanterie, lorsque, plusieurs jours après, elle aura à attaquer. Dans le temps que l'on achève de faire effort sur la première de ces barrières pour la briser complètement, l'ennemi referme et verrouille toutes les autres. Averti et disposant de tout le temps nécessaire, il en renforce la garde, de près par l'infanterie, de loin par l'artillerie, par des forces plus considérables que celles que tout d'abord il pouvait consacrer à cette mission.

Dans le deuxième cas, les questions sont sériées, et le travail de forcement d'une porte n'est commencé que lorsque les précédentes sont franchies. Au lieu de faire levier sur toutes à la fois à grande distance et par un faible effort, l'artillerie applique simultanément toutes ses forces disponibles sur une seule d'entre elles, la première à franchir. Chacune des forces combinées dans la pesée est employée dans les conditions de distance les plus favorables à son rendement et avec une puissance telle que, sous leur action simultanée, l'obstacle ne saurait résister. L'infanterie, à pied d'œuvre, assiste au plus près à l'opération, prête à se ruer, sans différer, par la brèche qui s'ouvre devant elle, sans que l'ennemi dispose du moindre répit pour la boucher. Il n'a d'ailleurs pas à ce moment des moyens assez puissants pour y réussir parce qu'il n'a pas eu le loisir de les amener à temps.

Aussi n'est-on pas tenté de sacrifier le principal au secondaire et, pour s'opposer à l'entrée en jeu de ces moyens nouveaux, de distraire une partie des forces de l'artillerie de l'œuvre de violence à laquelle elles doivent se consacrer. Tout l'effort de l'arme est appliqué sur *le combattant ennemi* à l'exclusion de toute tentative, vaine et inutile, de conjurer des dangers hypothétiques et, en tous cas, accessoires et lointains ; rien n'est distrait ni dispersé dans les différentes formes défensives dénommées « barrages roulants, tirs d'encagement, tirs d'interdiction. »

Rien n'est certain à la guerre, mais encore faut-il mettre tous les atouts dans son jeu, et ne pas s'exposer en courant plusieurs lièvres à la fois, à n'en attraper aucun. C'est ce principe simple qui est appliqué dans le processus de l'attaque dont chaque pas est assuré par tous les moyens dont on dispose, avant d'entamer le pas suivant et sans spéculer sur l'avenir avant d'avoir assuré le présent. La méthode conduit au résultat plus sûrement, plus économiquement à tous égards, et, en fin de compte, plus rapidement.

Attaques rapides à succession continue.

Si l'on résume les opérations par lesquelles la me Division s'empara des lignes de ROYE, l'on constate qu'elles se réduisent à 4 :

Le 14, enlèvement du bois en Z et de DAMERY.	Durée 2 h. env.
Le 16, enlèrement du reste de la 1re ligne et de la totalité de la 2e ligne (GOYENCOURT et tranchées). Les tranchées au S. de GOYENCOURT devaient tomber en même temps s'il y avait eu liaison.	2 h.
Le 18 enlèvement du bois Fendu et du bois de BRACQUE-MONT :	2 h. env.
Le 26 enlèvement du bois Croisette	1 h. 30.
Total.	7 h. 30.

Dans le temps de chaque opération est comptée la préparation.

En dehors de ces attaques réussies, préparées par feux de masse, il y eut des tirs de destruction sur objectifs inconnus ou invisibles dont les résultats matériels furent inexistants et dont les résultats moraux, en admettant que l'ennemi soit resté à les subir, ne devaient pas subsister lors des attaques qui eurent lieu plusieurs jours ou plusieurs heures après. Ils furent donc sans influence sur les résultats de ces attaques heureuses, et même, les échecs partiels auxquels aboutirent, entre temps, ces préparations suivies d'attaques appuyées par barrage roulant ne pouvaient qu'être au désavantage de l'assaillant.

En commençant la destruction des réseaux à 6 heures, et l'attaque partant à 10 heures, les opérations qui ont conduit à la situation du 26 au soir pouvaient donc être terminées le même jour à 18 heures, car elles pouvaient être liées de façon à se succéder *sans interruption*. Elles pouvaient même être plus rapides, car il n'est pas nécessaire de faire des préparations par tirs de masse pendant 2 heures sur un même objectif : une 1/2 h. à 1 h. 30 suffit largement suivant la nature et l'étendue de l'objectif.

En tous cas, cet exemple montre que des attaques rapides à *succession continue*, préparées et appuyées par feux de masse permettent de franchir en une journée un système fortifié profond et que par suite l'ennemi devra amener très rapidement de très nombreux renforts, s'il veut s'accrocher aux dernières lignes du système, pour limiter l'avance de l'assaillant.

RÉSULTATS D'ENSEMBLE DES ATTAQUES SOUS ROYE.

Bien que les opérations n'eussent pas été menées aussi rondement, la menace sérieuse qui résultait pour les Allemands des attaques de la me Division les amenèrent à se renforcer sérieusement devant cette Division.

D'après les renseignements fournis par la section historique de l'Etat-Major de l'Armée, les forces allemandes opposées aux troupes françaises les 11 et 12 août à l'Ouest de ROYE entre l'Avre et la route ROYE-AMIENS (c'est-à-dire sur le front de la me Division qui s'étendait presque jusqu'à l'Avre) comprenaient 13 Divisions dont 4 arrivées en renfort du 8 au 11.

Les renforts amenées par les Allemands, du 12 au 26 août, à l'Ouest de ROYE comprenaient 5 Divisions nouvelles dont 4 furent engagées entre l'Avre et la route ROYE-AMIENS et la 5e en dehors de ce secteur et au S. de l'Avre.

Les attaques de la me Division avaient donc eu pour résultat d'attirer et de fixer dans une large mesure les réserves allemandes et de les user dans une proportion très supérieure à l'usure de ses propres forces. C'est là le principal résultat, car c'est par l'usure des réserves ennemies que l'on s'achemine au renversement complet de l'équilibre entre les forces des deux partis adverses, ce qui est le but final de la guerre.

8048 I. – AMIENS – IMP. DU PROGRÈS DE LA SOMME

Dosages successifs des feux pour les attaques du 16 Août

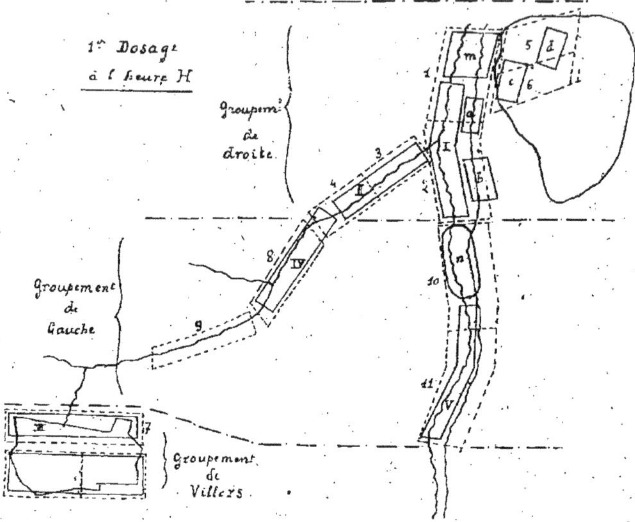

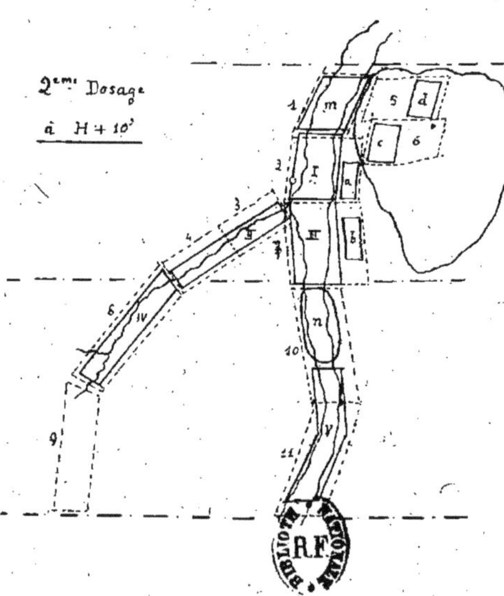

Légende

(dashed box)	Groupe de 75 (Nos de 1 à 11)
(solid box)	Groupe de 155 (Nos de I à V)
(small box)	Bie de 155 d'ALCA (a-b-c-d)
m	Groupe de 220
n	Groupe de 280

3ème Dosage

H + 0h 20'

Groupt de Gauche

1 m I 5 d c 6 2 II a 3 b 4 III 7

8 10 n IV 9 11 V

Groupt de Droite

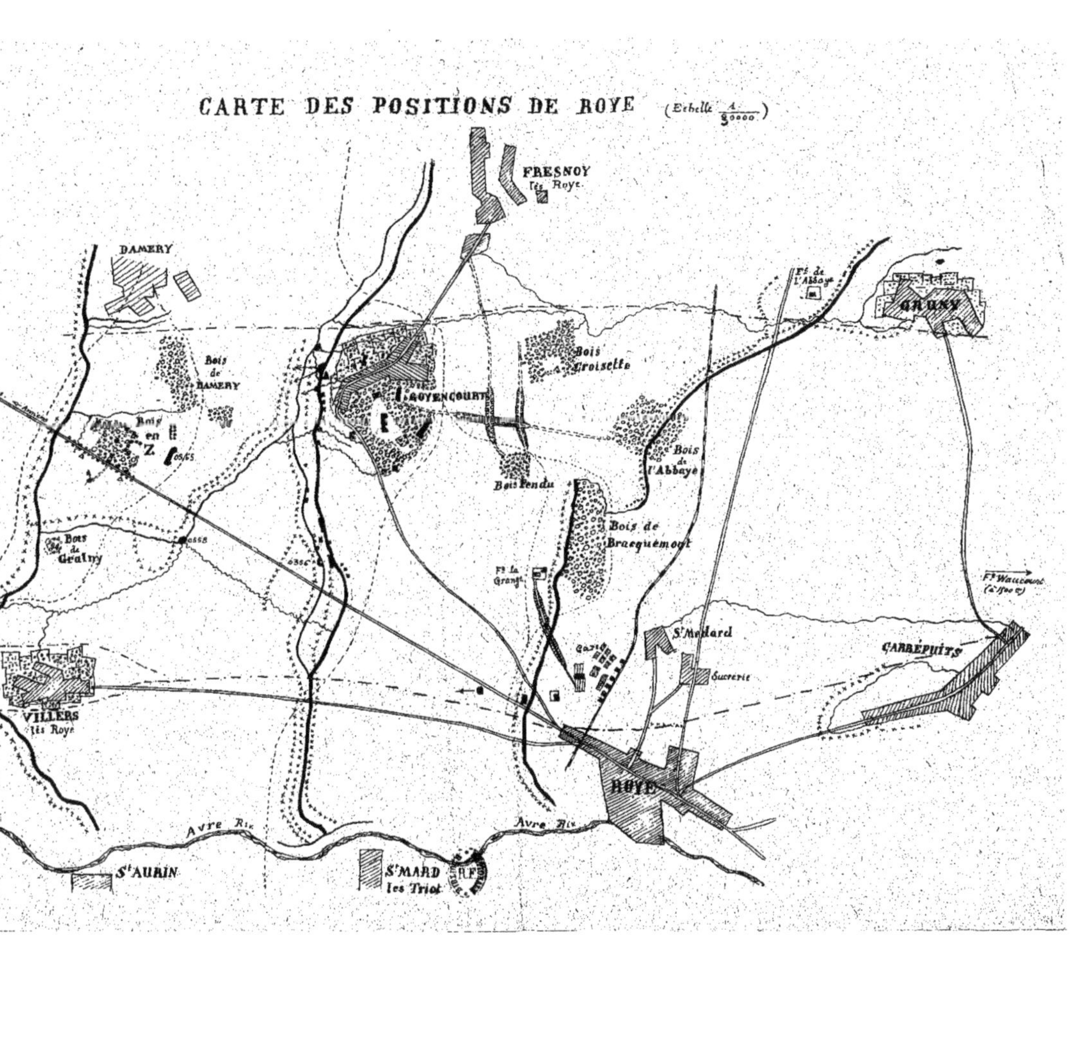
CARTE DES POSITIONS DE ROYE
FRESNOY
lès Roye
DAMERY
Bois de DAMERY
Bois en Z
Bois Croisette
ROYENCOURT
Bois de l'Abbaye
Bois Pendu
Bois de Bracquemont
Bois de Grainy
GRUNY
St Médard
Sucrerie
CARRÉPUITS
VILLERS lès Roye
ROYE
Avre Rle
St AURIN
S.t MARD les Triot

www.ingramcontent.com/pod-product-compliance
Ingram Content Group UK Ltd.
Pitfield, Milton Keynes, MK11 3LW, UK
UKHW021533260726
13993UKWH00004B/1962